Aus dem staatlichen Hygienischen Institut in Hamburg.

Zur Ursache und specifischen Heilung des HEUFIEBERS.

Von

Prof. Dr. Dunbar,
Direktor des Hygienischen Institutes.

München und **Berlin.**
Druck und Verlag von R. Oldenbourg.
1903.

Vorwort.

Das Heufieber gehört zwar nicht zu den Krankheiten, an denen man stirbt. Es ist aber ein Leiden, das jahraus, jahrein viele Tausende von Menschen sterbenselend macht. Die Krankheit dauert jährlich zwar nur 6—8 Wochen, sie versetzt ihre Opfer aber monatelang vorher schon in einen Zustand angstvoller Erwartung. Die ersten Vorboten des Frühlings, welche die ganze übrige Menschheit mit freudiger Hoffnung erfüllen, gemahnen die Heufieberpatienten nur an ihre bevorstehenden Qualen.

Die Ergebnisse der Versuche, welche ich hiermit der Öffentlichkeit übergebe, rechtfertigen zwar noch keineswegs die sichere Hoffnung, daſs es gelingen wird, ein für die Praxis geeignetes, specifisches Heilmittel gegen das Heufieber herzustellen. Soviel steht jedenfalls fest, daſs sich ein solches Mittel auf Grundlage der beschriebenen Befunde bis zur nächsten Heufieberperiode für weitere Kreise nicht fertigstellen lassen wird. Der nachstehend erbrachte Beweis aber, daſs das Heufieber durch ein ganz specifisches Gift ausgelöst wird, das man leicht in gröſseren Mengen zu gewinnen vermag, rechtfertigt die Bestrebung, mit Hilfe desselben ein Gegengift als Verhütungs- oder Heilmittel herzustellen. Aber auch ohne ein specifisches Heilmittel können die nachstehend beschriebenen Beobachtungen insofern schon zur thatsächlichen Linderung des Leidens bei vielen Heufieberpatienten beitragen, als ich den Beweis dafür erbracht zu haben glaube, daſs jeder, der es durchsetzen kann, während der kritischen Zeit 6—8 Wochen die Fenster und Thüren seiner Aufenthaltsräume geschlossen zu halten und sich, abgesehen von kleinen Wegen, während dieser Zeit fortgesetzt in geschlossenen Räumen aufzuhalten, dadurch im stande sein wird, ohne nennenswertes Unbehagen und ohne die Notwendigkeit, seinen Wohnort verlassen zu müssen, durch die Heufieberzeit hindurchzukommen. Allerdings setzt dieses eine sorgfältige Berücksichtigung aller kleinen Nebenumstände voraus, die sich weiter unten angeführt finden.

Schon die sichere Feststellung des Erregers, die Gewifsheit, dafs dieser Erreger sich im Körper des Kranken nicht vermehrt und sich durch relativ einfache Mafsregeln aus unseren Aufenthaltsräumen fernhalten läfst, dürfte für viele Heufieberpatienten eine freudige Botschaft bedeuten.

Hamburg, den 20. November 1902.

Der Verfasser.

Inhaltsverzeichnis.

Einleitende Bemerkungen über das Vorkommen des Heufiebers.

Im Jahre 1819, also vor bald einem Jahrhundert, hat John Bostock (18), ein Londoner Arzt, die Aufmerksamkeit auf ein Leiden gelenkt, welches alljährlich, — in unserem Klima um Ende Mai bezw. Anfang Juni, in südlichen Ländern früher — gewisse Personen befällt, 6—8 Wochen dauert und sich als ein mit Kitzeln, Jucken und Brennen einhergehender Katarrh der Augenbindehaut, sowie der Nasen- und Rachenschleimhaut äufsert, bei manchen Patienten auch zu asthmatischen Beschwerden führt. Neben diesen Hauptsymptomen, welche bei vielen Patienten so heftig auftreten, dafs letzteren eine Erfüllung ihrer Berufspflichten zur Unmöglichkeit wird, machen sich im Zusammenhang mit der in Frage stehenden Krankheit noch andere Beschwerden geltend, die sich weiter unten erwähnt finden.

In der Fachliteratur findet sich das uns interessierende Leiden vielfach als Bostock'scher Katarrh bezeichnet und im Laufe der Zeit wurden ihm, je nach der herrschenden Ansicht über die Ursache des Leidens, seitens der medizinischen Fachwelt auch noch eine gröfsere Reihe anderer Namen beigelegt.[1]) Im Volke aber hat sich dafür die Bezeichnung »Heufieber« (hay fever) allgemein eingebürgert. Dieser Name soll deshalb im Nachstehenden der Einfachheit halber zunächst beibehalten werden.

Manche Autoren meinen, das Heufieber sei um die Mitte des 18. Jahrhunderts zuerst aufgetreten, um diese Zeit durch

---

1) Synonyma: Catarrhus aestivus oder summer-catarrh (Bostock), Bostockscher Katarrh, typischer Frühsommerkatarrh, Catarrhe d'été, Herbstkatarrh, catarrhus autumnalis, ragweed fever, Rosenkatarrh, Rosenasthma, Rosenfieber, Rosenschnupfen, Pfirsichkatarrh, dust fever, Periodical affection of the eyes and chest, Pollenkatarrh, Orthopnoea ab antipathia, Coryza nervosa.

das Zusammentreffen irgend welcher unbekannten Umstände gewissermafsen geboren worden (Sticker — 76), und sie sind der Ansicht, dafs es seither ein anfangs langsames, zur Zeit aber gesteigertes Wachstum seiner Frequenz aufweise. Andere sind der Auffassung, die Literatur biete gewisse Anhaltspunkte für die Ansicht, dafs das Heufieber schon vor etwa 400 Jahren vorkam. Sei dem nun wie ihm wolle, darin wird man Sticker (76) jedenfalls beizustimmen haben, dafs erst durch Bostock die allgemeine Aufmerksamkeit der Ärzte auf die in Frage stehende Krankheit gelenkt wurde, und dafs das Heufieber erst durch die Veröffentlichung dieses Forschers Gemeingut der medizinischen Literatur geworden ist. Man wird auch nicht fehlgehen in der Annahme, dafs die Krankheit vorher schon eine grofse Verbreitung gefunden hatte, ohne dafs man ihr das Interesse zuwandte, welches ihr zu Teil wurde, sobald man darauf aufmerksam geworden war, dafs das Leiden alljährlich zu ganz bestimmten Zeiten wiederkehrte. Bis dahin hatte man das Heufieber offenbar allgemein als einen zufällig auftretenden Katarrh angesehen.

Von allen Autoren wird angenommen, dafs das Heufieber nur solche Personen befällt, die eine gewisse individuelle Disposition dafür aufweisen. Auf die Versuche, die Natur dieser Disposition zu erklären, komme ich weiter unten zurück. An dieser Stelle möchte ich nur konstatieren, dafs thatsächlich die meisten Menschen gegen den Erreger des Heufiebers völlig immun sind, und dafs nur ein relativ geringer Prozentsatz der Gesamtmenschheit diejenigen Eigenschaften aufweist, welche man als »individuelle Disposition für das Heufieber« bezeichnen könnte. Wenn somit das Heufieber nur für einen verhältnismäfsig geringen Prozentsatz der Gesamtzahl der Menschen ein aktuelles Interesse besitzt, so ist die Zahl der Heufieberkranken, absolut genommen, doch eine recht beträchtliche. Allein in den Vereinigten Staaten soll ihre Zahl nach ärztlicher Schätzung mehr als 50000 betragen.[1]) In England soll das Heufieber ebenso verbreitet sein wie in Nordamerika, auf dem europäischen Kontinent dagegen relativ selten auftreten. Wenn letzteres zutreffen sollte, so darf es als ein merkwürdiger

[1]) Ein mit den dortigen Verhältnissen sehr vertrauter Herr meinte, in der Stadt Chicago allein seien wenigstens so viele Heufieberpatienten.

Zufall angesehen werden, dafs sich unter den Angestellten meines Institutes nicht weniger als drei Heufieberkranke fanden.

Theorien, betreffend den Erreger des Heufiebers.

Die Frage, welches die äufsere, erregende Ursache sei, die bei den disponierten Personen die Heufieberanfälle auslöst, ist im Laufe der Jahre recht verschieden beantwortet worden.

Bostock (18) und nach ihm Phoebus (65), wie auch andere Autoren, erblickten in der ersten Sommerhitze das auslösende Moment. Helmholtz (43) hielt das Heufieber für eine durch Mikroorganismen verursachte Infektionskrankheit. Spätere Autoren haben mancherlei andere ursächliche Momente angeführt, die meist mit Emanationen von Gras oder Heu zusammenhingen. Elliotson (28) war der erste, der auf Grund ausgeführter Experimente Pflanzenpollen als die Erreger des Heufiebers bezeichnete. Im Jahre 1873 veröffentlichte dann Blackley (12) die Ergebnisse sehr eingehender Untersuchungen, die ihn und die meisten seiner Leser davon überzeugten, dafs die ätiologische Auffassung Elliotsons richtig sei. Auf Grund von Untersuchungen, die Blackley an 76 verschiedenen Pflanzen ausführte, gelangte er zu der Überzeugung, dafs jeder beliebige Blütenstaub als Erreger des Heufiebers in Frage komme. Blackley liefs aber die Möglichkeit offen, ob nicht das Heufieber eventuell auch noch durch andere Momente ausgelöst werden könnte.

Nach Erscheinen der erwähnten Blackleyschen Arbeit, der sich noch weitere Veröffentlichungen aus seiner Feder (13, 14, 15, 16) mit ebenso überzeugenden Beobachtungen anschlossen, ist man lange Zeit hindurch allgemein der Auffassung gewesen, dafs Pflanzenpollen aller Art die Erreger[1]) des Heufiebers seien. So schrieb Zuelzer (89) im Jahre 1874, das Heufieber habe für die Pathologie gerade dadurch erhöhte Wichtigkeit erlangt, weil hierbei durch Blackley mit einer Sicherheit, wie bei wenigen andern Krankheiten, der Zusammenhang mit den veranlassenden Schädlichkeiten nachgewiesen sei. An anderer Stelle sagt Zuelzer: »Jedenfalls beweisen Blackleys Versuche, dafs die Pollen, sowohl im frischen, wie auch im

[1]) Die Bezeichnung »Erreger« wird nachstehend ausschliefslich auf das die Heufieberkrankheit auslösende Agens angewendet. Die zu Heufieberanfällen disponierten Personen sollen dagegen der Abkürzung halber als »Heufieberpatienten« bezeichnet werden.

getrockneten Zustande, sämtliche Symptome des Heufiebers hervorzubringen imstande sind.«

Im Laufe der letztverflossenen Jahre sind nun Zweifel an der Richtigkeit obiger Auffassung laut geworden. Im Jahre 1895 erklärte J. N. Mackenzie sogar, die Pollentheorie habe der richtigen Auffassung über die Ursache des Heufiebers nur im Wege gestanden. Georg Sticker (76) erklärte in seiner höchst interessanten und wertvollen Heufieber-Monographie, der Blütenstaub spiele ohne Zweifel eine gewisse Rolle bei diesem Leiden. Der Pollen wirke aber nicht auf alle Kranke, die am Bostock'schen Katarrh leiden und neben ihm gebe es noch allerlei andere Dinge, die genau wie der Pollen wirkten. Sticker will dem Pollen nur die Rolle eines Anreizes zur Exacerbation zugestehen. Er folgt Woodward in der Annahme, dafs der Pollen dem an Heufieber Leidenden aufserhalb der Zeit seines Leidens nichts thue. Sticker meint, dafs Heufieberkranke ebenso wie Gesunde aufserhalb ihres Anfalles gegen Pollenimpfungen unempfindlich seien und glaubt, dafs diese Thatsache durch Blackley und Patton bewiesen wäre. Man hat, wie es Sticker scheint, zu wenig eingesehen, »wie hilfreich, um nicht zu sagen, wie notwendig die Annahme eines lebenden Infektionserregers für die Erklärung des typischen Ablaufes der Jahresaccesse ist, als man die Theorie und die Entdeckung von Helmholtz beiseite legte.« Neuerdings haben Heymann und Matzuschita (45) auf Grund von Ergebnissen, die sie bei Untersuchung des Nasenschleims von Heufieberkranken erzielten, erklärt, dafs selbst unter der Voraussetzung einer bei den Patienten hochgradig gesteigerten Disposition und bei dem vollen Zugeständnis der Unvollkommenheiten der angewendeten Methode, es kaum möglich sei, den vereinzelten kleinsten Partikelchen, die sie fanden, eine energische mechanische oder chemische Reizwirkung beizumessen. Sie meinen, unter natürlichen Verhältnissen hätte Blackley mittels Pollen solche Symptome, wie er sie in seinen Experimenten erzielte, nicht hervorzurufen vermocht. Die genannten Autoren erachten es deshalb für wünschenswert, durch bakteriologische Untersuchungen der Nasensekrete der Frage näherzutreten, ob die Pollen eventuell als Importeure der Heufieberbakterien angesehen werden könnten. Auf

Grund ihrer einschlägigen Untersuchungsergebnisse gelangten sie aber zu dem Schlusse, dafs auch ein Import von Mikroorganismen durch Vermittelung der Pollen durchaus nicht wahrscheinlich sei. Mit Weil (86) sind sie der Ansicht, dafs die derzeitigen Untersuchungsergebnisse zu ernsten Zweifeln an der Richtigkeit der Pollentheorie berechtigten. Eine Stütze dieser Bedenken glaubten sie in der Thatsache zu finden, dafs alle ihre langjährigen Heufieberpatienten die Geringfügigkeit ihrer Beschwerden im Jahre 1901 rühmten, obschon gerade der Frühsommer in diesem Jahre durch eine besonders üppige Gräserblüte, vor allem auch des in erster Linie angeschuldigten Roggens ausgezeichnet war.

Thost (84) gelangte auf Grund einer neuerdings von ihm angestellten Enquête zu dem Schlusse, es sei sehr zweifelhaft, ob wirklich die Pollen im Schleim der Nase die Krankheit erzeugten. Solche Wirkung könnte entweder durch den direkten mechanischen Reiz geschehen oder chemisch, indem die Pollen platzten und ihren Inhalt entleerten, der auch eventuell mit dem Speichel verschluckt werden und in den Magen gelangen könnte. Auch Thost meint, einzelne ihm mitgeteilte Beobachtungen schienen die Annahme einer ursächlichen Bedeutung der Pollen direkt zu widerlegen. Nicht sowohl der Reiz durch den Blütenstaub, sondern ein anderes Agens, das mit dem Blütenstaub in die oberen Luftwege eindringe, etwa ein Schmarotzer, ein Pilz oder ein Bakterium erzeuge wahrscheinlich den Anfall.

Aus privaten Äufserungen habe ich entnommen, dafs aufser den genannten auch noch andere Forscher, welche ihre Untersuchungsergebnisse nicht veröffentlicht haben, durch ihre Beobachtungen zu Zweifeln an der Pollentheorie veranlafst worden sind, und geneigt sind, irgend welche noch unbekannte Mikroben als Erreger des Heufiebers anzusehen.

Thost wurde durch gewisse Beobachtungen zu der Auffassung veranlafst, als Erreger des Heufiebers seien vielleicht doch nicht Mikroorganismen anzusehen, sondern eventuell Riechstoffe. Er meint, die Wahrscheinlichkeit müsse sich förmlich aufdrängen, dafs die Heufieberanfälle durch feine Riechstoffe, fein verteilte, verdunstende ätherische Öle oder Stoffe ausgelöst würden, die unter dem Einflufs starken Sonnenlichtes bei der ersten Blüte, namentlich der Roggenfelder, sich entwickelten. Solche Riechstoffe könnten auch den Pollen anhaften. Dafs der frische Pollen, der den Riechstoff noch enthalte, als Reiz wirke, sehr bald aber die Wirksamkeit verliere, möge daran liegen, dafs der Riechstoff verdunste. So möge sich auch erklären, dafs Pollen nach längerem Liegen in Staub etc. ihre Schädlichkeit verlören und nur zu einer bestimmten Zeit im Jahre den Anfall erzeugten.

Die Idee, dafs die Heufieberanfälle durch Riechstoffe ausgelöst würden, wurde übrigens schon vor Jahrzehnten vertreten und seither von einer Reihe von Autoren immer wieder hervorgehoben.

Auch Fink (33) meinte, indem er sich auf gewisse Beobachtungen von Pfuhl (64) und Lühe (52) stützte, die Pollen schienen ihre Wirkung in der Weise zu entfalten, dafs unter dem Einflufs des Nasensekretes die Pollenhülle so modificiert würde, dafs der specifische Bestandteil ihres Inhaltes, das jeder Pflanzenart eigentümliche ätherische Öl, frei werde. Nach Fink wirkt dieser Reiz auf die Endausbreitungen des Trigeminus.

Der oben skizzierte Literaturstand zeigt, dafs zur Zeit eine noch gröfsere Unsicherheit in Bezug auf die Ursache des Heufiebers herrscht als je zuvor. Diese unbefriedigende Sachlage veranlafst mich, die Ergebnisse meiner einschlägigen eigenen Untersuchungen zu veröffentlichen. Wenngleich meine Versuche noch nicht abgeschlossen sind, so dürften die bisher gemachten Beobachtungen doch ausreichen, um die dargelegte Unsicherheit nach einer gewissen Richtung hin völlig zu beseitigen und einen festen Ausgangspunkt zu bieten für zukünftige Forschungen.

Die Literatur über Heufieber ist, wie bei kaum einer anderen Krankheit, mit einem Ballast hypothetischer, zum Teil völlig falscher Auffassungen behaftet, die von Veröffentlichung zu Veröffentlichung fortgeschleppt werden und Anlafs dazu geben, dafs man bei jedem Versuche, zu einer befriedigenden Theorie zu gelangen, sich verpflichtet fühlt, diese Theorie mit den absurdesten Geschichten in Einklang zu bringen. Die nachstehend berichteten Versuche werden hoffentlich dazu beitragen, dafs das Sichtungswerk, welches Sticker schon begonnen hat, bald zu einem befriedigenden Ende geführt wird.

Anforderungen an die ätiologische Beweisführung.

Zu sicheren Schlüssen in Bezug auf den Erreger des Heufiebers wird man nur gelangen, wenn es gelingt, diesen Erreger von fremden Beimengungen völlig getrennt zu gewinnen; wenn man ferner im stande ist, mittels dieses Erregers alle Symptome des Heufiebers auszulösen, unabhängig von Temperatur, Witterungsverhältnissen und aufserhalb der kritischen Jahreszeit; wenn schliefslich der Nachweis gelingt, dafs der Erreger nur auf solche Personen wirkt, welche an Heufieber leiden, bei anderen Personen dagegen, selbst wenn man weit gröfsere Mengen verwendet, absolut keine Symptome hervorruft.

Die in der Literatur enthaltenen Schilderungen des Heufiebers erleiden fast durchweg in Bezug auf Objektivität eine gewisse Einbufse durch die ursächliche Auffassung, welche die jeweiligen Autoren vom Heufieber haben. Insbesondere gilt dies für die Beschreibungen, welche sich auf die Zeit des Auftretens der Anfälle beziehen. Die ältesten Schilderungen des Heufiebers dürfen nach dieser Richtung hin als die einwandsfreiesten gelten.

Die Krankheitsgeschichte Bostocks, mit welcher Sticker seine schon erwähnte Heufieber-Monographie einleitet, enthält, wie Sticker erklärt, und wie Verfasser aus seinen eigenen Erfahrungen bestätigen kann, fast alles, was sich über die Symptome des Heufiebers sagen läfst. Zur näheren Charakterisierung des uns interessierenden Leidens möge deshalb diese kurze und bündige Krankengeschichte in der Stickerschen Übersetzung dienen:

Krankheitsbild des Heufiebers.

»J. B., 46 Jahre alt, ist ein Mann von magerem und ziemlich zartem Körperbau, aber zu beträchtlicher Anstrengung fähig. Er leidet weder an einem hereditären, noch an einem konstitutionellen Übel, abgesehen von verschiedenen Magenbeschwerden, welche er in Beziehung oder in Abhängigkeit von einer Neigung zur Gicht bringen möchte.

Ungefähr zu Anfang oder in der Mitte des Juni treten alljährlich bei ihm folgende Symptome mit gröfserer oder geringerer Heftigkeit auf: ein Gefühl von Hitze und Schwellung in den Augen, zunächst längs der Lidränder und besonders an den inneren Winkeln, bald aber über den ganzen Augapfel verbreitet. Dabei ist anfänglich das Aussehen des Auges, bis auf einen geringen Grad von Rötung und Thränenträufeln, nicht verändert. Allmählich steigert sich der Reizzustand, bis eine peinliche Mischempfindung von Jucken und Schmerz zugleich mit einem Gefühl, als ob kleine Körperchen auf den Augapfel geworfen oder in ihn hineingeschossen würden, den höchsten Grad der Entzündung des Auges begleitet und die Absonderung einer dicken schleimigen Flüssigkeit aus der Bindehaut sich einstellt.

Dieses Leiden der Augen kommt anfallweise mit unbestimmten Zwischenräumen von der zweiten Woche des Juni an bis zur Mitte des Juli; während dieser Zeit sind die Augen selten ganz gesund, aber die heftigen Anfälle kommen nicht öfter als zwei- oder dreimal täglich und dauern jedesmal nicht länger als ein bis zwei Stunden. In Bezug auf ihre Häufigkeit und Dauer besteht indessen die gröfste Unsicherheit.

Im allgemeinen, aber nicht immer, mag ihr Eintreten deutlich von einer äufseren Reizursache abhängen, am sichersten von einer dunstigen, feuchten Hitze oder einem stark blendenden Licht, von Staub oder anderen Substanzen, welche in die Augen dringen, oder von irgend welchen äufseren Umständen, welche die Luftwärme steigern.

Nachdem die heftige Entzündung und Absonderung einige Zeit angedauert hat, lassen Schmerz und Rötung allmählich nach, während ein gewisser Grad von Steifheit den Tag über in den Augen zurückbleibt.

Dieser Zustand der Augen bleibt acht bis zehn Tage bestehen; dann tritt ein Gefühl von allgemeiner Fülle im Kopf, besonders in der Stirngegend, auf, und diesem folgt eine Reizung der Nase, welche Niesanfälle von äufserster Heftigkeit in unbestimmten Intervallen hervorruft. Zu dem Nieskrampf kommt bald ein Gefühl von Brustbeklemmung und Beschwerde beim Atmen, zugleich mit einem Reizzustand des Rachens und der Luftröhre. Dabei besteht kein ausgesprochenes Schmerzgefühl in irgend einem Teile der Brust, aber eine Empfindung, als ob der Raum, der nötig ist, die Atmungsluft aufzunehmen, fehle; ferner Heiserkeit der Stimme und das Unvermögen, mit Leichtigkeit eine Zeitlang laut zu sprechen.

Zu diesen örtlichen Störungen gesellt sich mit der Zeit ein gewisser Grad allgemeinen Unbehagens, ein Gefühl von grofser Mattigkeit, von Unfähigkeit zu Muskelanstrengungen,

Appetitverlust, Abmagerung, ruhelose Nächte mit häufigen, profusen Schweifsausbrüchen. Dabei sind die Gliedmafsen gleichwohl kühl; der Puls ist dauernd beschleunigt auf 80 bis ungefähr 100 Schläge und steigt bei einigermafsen erheblichen Anstrengungen auf 120 Schläge und mehr.

Dies ist eine Schildernng der Beschwerden im schlechtesten Zustand, welcher sich aber nicht jedes Jahr einzustellen braucht; in der That verläuft das Leiden meistens milder.

Die Krankheit der Augen ist der Erinnerung nach zum erstenmal aufgetreten, als der Patient acht Jahre alt war, und hat sich seitdem so ziemlich jedes Jahr wiederholt. Das Niesen hat sich ungefähr im selben Lebensalter eingestellt; aber der erste Anfall von Brustbeklemmung kam erst im Alter von 16 oder 17 Jahren.

Im grofsen und ganzen haben die Beschwerden in den letzten 20 Jahren zugenommen, wenn auch nicht in stetigem Mafse.

Alle die akuten Symptome verschwinden gegen Ende Juli; aber ein beträchtlicher Grad von Schwäche und Mattigkeit bleibt für eine Dauer von vier bis sechs Wochen zurück.

Es kommt vor, dafs die schwersten Sommerbeschwerden sich einstellen, nachdem der Patient sich im Frühjahre der besten Gesundheit erfreut hat. Und wiederum schien es, als ob der Patient nach einem schweren Anfall seines Sommerleidens vollständiger und leichter als sonst seine gewohnte Gesundheit und Kraft im Herbst wieder erlangte.

Von Heilversuchen sind die verschiedensten gemacht und alle mit einem ungewöhnlichen Grad von Beharrlichkeit angewendet worden.

Ortliche Blutentziehungen, Abführmittel, Blasenpflaster, Nahrungsbeschränkung, Chinarinde und verschiedene andere Tonika, Eisen, Opium, wiederholte Quecksilberkuren, kalte Bäder, Digitalis und eine ganze Reihe örtlicher Einwirkungen auf die Augen wurden versucht; aber es ist zweifelhaft, ob eine wirkliche und dauernde Besserung durch diese Mittel erreicht worden ist.

Die Beschwerden schienen das eine Mal, als der Patient sich auf Reisen begab, deutlich abgebrochen; aber das andere Mal blieben sie bestehen. Beim Aufsuchen einer frischen

Luft ohne starke Anstrengung und bei sorgfältiger Vermeidung einer dunstigen, feuchten Atmosphäre mögen die Symptome in gewissem Maſse aufgehört haben; aber sie stellten sich häufig wieder unter Umständen ein, daſs es schien, als ob die geringste Ursache sie hervorgerufen habe.

Während des letzten Sommers war der Patient in der Lage, fast jede geringste körperliche Anstrengung zu vermeiden. Er blieb für sechs Wochen beinahe ganz eingesperrt zu Hause, und der Erfolg war, daſs er, ungeachtet eines ungewöhnlich heiſsen Sommers, viel weniger unter seiner Affektion litt als verschiedene Jahre vorher«.

Die obige Krankengeschichte besagt, daſs Bostock nicht öfter als zwei- oder dreimal täglich für die Dauer von ein bis zwei Stunden unter den Anfällen zu leiden hatte. An anderer Stelle wird angeführt, daſs er viel weniger zu leiden hatte, als er sich in einem Frühjahr während der kritischen Zeit fast fortwährend in geschlossenen Räumen aufhielt. Ich benutze diese beiden Thatsachen, um darauf hinzuweisen, daſs die Zahl der täglichen Anfälle von der Thätigkeit und von den Lebensgewohnheiten der Patienten sehr abhängt. Schon im Jahre 1833 hat der Arzt Gordon (siehe Elliotson 29) darauf hingewiesen, daſs er von Heufieberanfällen geplagt wurde jedesmal, wenn er sich auf den Weg machte, seine Patienten zu besuchen, bezw. jedesmal, wenn er sich einem Luftzuge aussetzte.

Viele Angaben der Literatur, die sich anscheinend völlig widersprechen, würden ihre Erklärung leicht finden, wenn man in jedem Falle auf solche Nebenumstände, insbesondere auf die Lebensgewohnheiten der Patienten genau Rücksicht genommen hätte.

Experimenteller Teil.

Vorversuche über Auftreten und Verhütung der Heufieberanfälle.

Verfasser hat sich seit einer Reihe von Jahren mit Beobachtungen in Bezug auf den Heufiebererreger befaſst. Dieselben wurden ihm dadurch nahegelegt und erleichtert, daſs sich bei ihm im Jahre 1895 in unmittelbarem Anschluſs an eine heftige

Erkrankung an Influenza Heufieberanfälle einstellten, die seither jährlich wieder aufgetreten sind.

Die Frage, welche Bedeutung der Influenzaerkrankung in diesem Falle beizumessen sei, mag weiter unten im Zusammenhang mit der Frage über die individuelle Disposition erörtert werden. Zunächst soll nur den Fragen nähergetreten werden, die sich mit dem Erreger befassen, welcher die Anfälle im Frühjahr auslöst. Wenn Verfasser im folgenden einen kurzen Auszug aus seiner eigenen Leidensgeschichte anführt, so bittet er das aus dem Grunde zu entschuldigen, weil nur so sich eine zusammenhängende Beschreibung der von ihm gemachten Beobachtungen ermöglichen läfst.

Seit sieben Jahren hat Verfasser, wenn in Hamburg anwesend, beginnend mit den letzten Tagen des Mai, bezw. den ersten Tagen des Juni bis zu Mitte Juli oder Ende Juli, also für die Dauer von 6—8 Wochen täglich unter Krankheitserscheinungen zu leiden gehabt, die sich mit den von Bostock beschriebenen vollständig decken.

Im Jahre 1898 bereiste Verfasser in der Zeit vom Ende März bis Ende April Frankreich, Spanien und Norditalien. Auf dieser ganzen Reise hatte er keinerlei Symptome des Heufiebers, bis er in den letzten Tagen des April auf der Fahrt von Turin nach Venedig plötzlich einen typischen Heufieberanfall bekam, der sich während des mehrtägigen Aufenthaltes in Venedig völlig verlor, jedoch einige Tage später bei der Fahrt von Venedig nach Verona für die Dauer von etwa einer halben Stunde wieder einstellte, um auf der Fahrt nach Meran wieder vollständig zu verschwinden. Erst im Juni desselben Jahres stellten sich die Heufieberanfälle in Hamburg wieder ein.

In der Zeit vom 24. Mai bis 14. Juni 1901 unternahm Verfasser eine Reise von etwa 2000 km, die ihn abwechselnd durch blühende Kornfelder und Wiesen, über Haideflächen und durch Wälder führte. Auf dieser Reise, die er gröfstenteils mit einem Begleiter allein im Coupé machen konnte, bot sich ihm zu folgenden Versuchen und Beobachtungen Gelegenheit: Beim Durchfahren von Kornfeldern traten bei geöffnetem Coupéfenster sofort die beschriebenen Symptome seitens der Augen und der Nasenschleimhäute auf, die sich unter unaufhörlichem Niesen bald soweit steigerten, dafs fieberhaftes Gefühl und völlige Abgespanntheit eintrat. Sobald der Zug längere Zeit durch Waldungen oder über Haideflächen fuhr, trat eine Linderung der Symptome ein. Wenn man aber wieder in die Nähe von Kornfeldern oder Wiesen kam, verschlimmerte sich der Zustand. An einzelnen Regentagen wurden Anfälle selbst beim Passieren blühender Kornfelder und Wiesen bei geöffnetem Coupéfenster nicht ausgelöst. Sobald die Sonne aber wieder schien, zeigte sich innerhalb einiger Stunden die Luft mit der irritierenden Substanz wieder erfüllt. Während eines zweitägigen Aufenthaltes in Scheveningen und im Haag, welcher in die erwähnte Reise fällt, hatte Verfasser keinerlei Beschwerden. Nach Antritt der Reise nach Amsterdam und über den Zuider See traten jedoch sofort wieder Anfälle in intensivster Form auf, so dafs er bei thränenden Augen stundenlang unaufhörlich niesen mufste.

Am 4. Juli desselben Jahres fuhr Verfasser nach dem Harz, wo er in einer Gegend, die weit herum nur Waldungen aufwies, von Heufieberanfällen vollkommen frei blieb. Sobald er jedoch Spaziergänge durch abgeholzte, mit blühenden Gräsern bestandene Flächen des Waldes machte, stellten sich die Anfälle wieder ein. Der Aufenthalt im Harz dauerte bis zum 8. August. Während der letzten Wochen dieser Zeit blieb Verfasser in den Niederungen, selbst in der Nähe von Kornfeldern oder Wiesen, und auch selbst bei starker körperlicher Anstrengung, wie z. B. beim Radfahren, von Heufieberanfällen völlig verschont. Sobald er sich aber in höher gelegene Gegenden begab, wo Gräser noch in Blüte standen, stellten sich die Anfälle wieder ein.

Im laufenden Jahre (1902) reiste Verfasser am 15. Juni von Hamburg nach Berlin. Bei dieser Gelegenheit führte ihn der Zug während mehrerer Stunden gröfstenteils durch Wiesen und Kornfelder, die in voller Blüte standen. Zunächst hielt Verfasser sich in einem Coupé auf, dessen Fenster geöffnet war. Schon kurze Zeit nach Beginn der Fahrt stellten sich Heufieberanfälle ein, deren Symptome sich fortwährend steigerten. Nachdem dieselben eine unerträgliche Intensität erreicht hatten, begab Verfasser sich in ein Coupé des D-Zuges, dessen Thüren und Fenster-, sowie Ventilationsöffnungen er schliefsen konnte. Trotz der direkten Sonnenbestrahlung, welcher er sich absichtlich aussetzte und trotz der geradezu unerträglich hohen Temperatur hörte das Niesen schon innerhalb kurzer Zeit auf und nach etwa einer halben Stunde fühlte Verfasser sich wieder annähernd wohl. Nun öffnete er das Coupéfenster und alsbald stellten sich die Heufiebersymptome wieder ein und zwar mit erhöhter Heftigkeit.

Durch obige Versuche war bewiesen, dafs Verfasser auch im laufenden Jahre die ungeschwächte Disposition zur Heufiebererkrankung besafs. Nach dieser Feststellung hat Verfasser bis gegen Ende Juli in seinen Arbeits-, Wohn- und Schlafzimmern, sowie in seiner ganzen Wohnung, die Fenster Tag und Nacht geschlossen gehalten, der Sonne jedoch freien Zutritt gelassen. Trotz der zeitweise sehr hohen Temperatur hat er in der ganzen Zeit keinen einzigen Heufieberanfall gehabt. Experimentell hervorgerufene Anfälle, auf die weiter unten eingegangen werden soll, bleiben hier zunächst unberücksichtigt. Verfasser konnte in der angegebenen Zeit sogar an sehr warmen und sonnigen Tagen Wege von mehreren Kilometern in der Stadt zurücklegen, ohne mehr als ein gelindes Brennen in den Augen zu empfinden. Man darf aus dieser Beobachtung schliefsen, dafs die Infektion bei dem relativ kurzen Aufenthalt in der freien Luft quantitativ nicht genügte, um heftige Anfälle auszulösen. Während der eben bezeichneten Beobachtungsperiode haben andere Heufieberkranke hier in Hamburg unter heftigen Heufieberanfällen zu leiden gehabt.

Auf Grund der vorstehend beschriebenen Beobachtungen glaubte sich Verfasser berechtigt, zu schliefsen, dafs der Erreger des Heufiebers sich in hiesiger Gegend während der oben angeführten Leidenszeit in der freien Luft überall verbreitet finde, dafs man ihn ferner durch Abschlufs der freien Atmosphäre von den Aufenthaltsräumen aus letzteren fern zu halten vermöge, und dafs schliefslich der Erreger nicht ein Mikroorganismus sei, der durch seine Vermehrung in den Organen der Heufieber-Patienten die Anfälle auslöst, dafs es sich also beim Heufieber nicht um eine Infektionskrankheit handeln könne.

Die Annahme eines ursächlichen Zusammenhanges blühender Grasarten einschliefslich des Roggens mit dem Heufieber war dem Verfasser durch seine erwähnten Versuche dagegen nahe gelegt worden. Bei der nachstehenden Beschreibung derjenigen Untersuchungen, durch welche der Frage näher getreten wurde, ob sich ein solcher Zusammenhang würde sicher nachweisen lassen, ist von einer Wiedergabe der Übergangsstadien abgesehen worden, in welchen noch recht komplizierte Versuchsanordnungen angewendet wurden. Ich bin schliefslich zu folgender Methodik gelangt, welche an Einfachheit nichts zu wünschen übrig läfst und sich nach jeder Richtung hin als einwandsfrei erweisen dürfte.

Methode zur Gewinnung von Pollenkörnern.

Zwecks Gewinnung der Blütenpollen wurden blühende Gräser verschiedenster Art in reinen Glasgefäfsen gesammelt. Mittels Pincette wurden aus ihnen die Staubfäden entnommen und in sterile Glasschalen gebracht. Aus manchen dieser Staubfäden fielen schon beim blofsen Berühren reichliche Mengen eines gelblichen Pulvers heraus, das sich bei der Untersuchung als Pollenkörner ohne irgend welche Beimengung erwies. Bei anderen Blütenarten mufste die Beimengung kleiner anderweitiger Gewebspartikelchen in den Kauf genommen werden, weil die Pollenkörner ihnen infolge ihrer klebrigen Beschaffenheit anhafteten. In einzelnen Fällen wurde die Gewinnung der reinen Pollenkörner durch eintägiges Aufbewahren der Pflanzen in einem auf 37° C. erwärmten Raum sehr erleichtert. Auch wurden Gräser vor Beginn ihrer Blüte in Wasser gestellt. Sobald die Staubbeutel bei ihnen heraustraten, wurden sie täglich in der oben beschriebenen Weise gesammelt.

Impfversuche an Heufieberpatienten und Kontrollpersonen mit Roggenpollenkörnern.

Pollenkörner, welche auf solche Art gewonnen waren, wurden einer Reihe von Personen auf die Augenbindehaut, bezw. in die Nase gebracht. Diese Impfung geschah vorzugsweise mittels Holzstäbchen, deren eines Ende mit Watte umwickelt war. Berührt man die Pollenkörner mit der Watte, so bleiben von ihnen soviel hängen, dafs die Watte vom blofsen Auge betrachtet, einige gelbe Pünktchen erkennen läfst. Beschickt man darauf einen Nasenflügel der Versuchsperson mit der Watte, so bleibt ein Teil der Pollenkörner in der Nase haften.

Bei einzelnen Versuchen wurde eine Impfmethode verwendet, die eine genauere quantitative Bestimmung der verimpften Pollenmasse gestattete. Die Notwendigkeit einer Verbesserung der Methodik schien mir aber fortzufallen angesichts der überzeugenden Resultate, die sich bei den Impfungen alsbald herausstellten.

Am 4. bezw. 9. August wurden frisch isolierte Pollenkörner von Gramineen 6 Versuchspersonen in der beschriebenen Weise in die Nase gebracht. Drei von ihnen blieben vollständig reaktionslos. Weder subjektiv noch objektiv zeigten sich bei ihnen irgend welche Reizerscheinungen. Bei den drei anderen Versuchspersonen dagegen trat sofort nach der Impfung heftiges, wiederholtes Niesen ein. Die Schleimhaut des infizierten Nasenflügels schwoll innerhalb einer Minute so stark an, dafs der betreffende Nasenflügel Luft nicht mehr passieren liefs. Erst nach Ablauf von 15—25 Minuten wurde die Nase wieder für Luft durchgängig. Sie zeigte sich aber in späteren Stunden desselben Tages wiederholt undurchgängig.

An den Augen der drei Versuchspersonen, welche reagiert hatten, wurden nach der Nasenimpfung weder subjektiv noch objektiv irgend welche Veränderungen nachweisbar, abgesehen von einer geringen, durch das Niesen hervorgerufenen Thränensekretion, die sich sofort verlor. Insbesondere zeigte sich keinerlei Jucken oder Brennen in den Augen.

Nach Ablauf der beschriebenen Symptome wurde den sechs Versuchspersonen mittels Wattestäbchen eine geringe Menge von Roggenpollenkörnern auf die Schleimhaut eines unteren Augenlides gebracht. Diejenigen drei Versuchspersonen, welche bei der Naseninfektion nicht reagiert hatten, zeigten auch jetzt keinerlei Reaktion an dem infizierten Auge, obgleich eine dieser Versuchspersonen sich wegen chronischen Bindehautkatarrhs zu der betreffenden Zeit in ärztlicher Behandlung befand.

Bei den drei anderen Versuchspersonen stellte sich sofort nach der Impfung heftiges Jucken und Brennen ein. Innerhalb 5 Minuten nach der Impfung zeigte die ganze Konjunktiva des geimpften Auges, insbesondere auch die Umgebung des Limbus starke Gefäfsinjektion, das Auge thränte heftig, die Conjunctiva bulbi wurde chemotisch, die Augenlider in solchem Mafse ödematös, dafs das geimpfte Auge fast geschlossen erschien.

Die subjektiven Reizerscheinungen erreichten innerhalb etwa 30 Minuten ihren Höhepunkt. Darauf machte sich Lichtscheu, hauptsächlich aber ein Fremdkörpergefühl, verbunden mit einem dumpfen Schmerzgefühl geltend, welches hinter dem Augapfel lokalisiert wurde. Lesen und Schreiben war erschwert, ein Gefühl allgemeinen Unbehagens blieb 6 bis 8 Stunden bestehen. Nach Ablauf von etwa 18 Stunden waren alle subjektiven und objektiven Symptome verschwunden, bis auf das Ödem der Augenlider. Auch dieses verlor sich jedoch innerhalb etwa 24 Stunden.[1])

Die drei reagierenden Versuchspersonen sind Heufieber-Patienten, die drei andern Versuchspersonen nicht.

Die Augen- und Nasenschleimhaut der Heufieberkranken war also empfindlich gegen die Impfung mit Roggenpollenkörnern, die Schleimhaut der andern Versuchspersonen dagegen nicht.'

Reine Roggenpollenkörner lösten auf der Augen- und Nasenschleimhaut von Heufieberkranken Reizerscheinungen aus, die denjenigen vollständig entsprachen, wie sie bei Heufieberanfällen beobachtet werden. Wie sind nun diese Reizerscheinungen zu erklären?

Keiner der drei Heufieberkranken reagierte mechanischen Reizen, die auf die Schleimhaut der Nase oder der Augen ausgeübt wurden, oder Riechstoffen gegenüber anormal. Sie verhielten sich auch alle drei der Impfung mit anderweitigen Pollenkörnern gegenüber vollständig indifferent. Die Impfung mit gewissen Pollenkörnern, welche mit feinen Stacheln dicht besetzt waren, wurde von ihnen ohne jede Reaktion ertragen. Die Roggenpollenkörner dagegen, welche eine glatte Oberfläche aufweisen, gaben zu einer höchst intensiven Reaktion Anlafs.

Um rein mechanische Reize oder um allgemeine Empfindlichkeit der Schleimhäute oder der Geruchsnerven handelt es sich also keineswegs.

Die Berührung der Nasenschleimhaut oder Konjunktiva mittels Wattestäbchen löste bei den drei Heufieberkranken

[1]) Die beschriebenen Versuche wurden, wie besonders hervorgehoben sein mag, alle aufserhalb der Heufieberzeit angestellt.

keinerlei Reizerscheinungen aus, wenn die Stäbchen nicht infiziert waren. Dies war auch der Fall, wenn die Versuchspersonen in den Glauben versetzt wurden, dafs die Stäbchen mit intensiv wirkender Substanz infiziert seien. Um eine suggestive Wirkung kann es sich also auch nicht handeln. Es kann nach den beschriebenen Versuchen nur noch eine spezifische Reizwirkung und eine spezifische Empfänglichkeit in Frage kommen. Mit diesem Nachweise ist bereits die Haltlosigkeit eines sehr grofsen Teiles der Behauptungen dargethan, die in der Heufieberliteratur immer wiederkehren. Der nachstehend beschriebene Versuch wird unser Operationsfeld noch enger eingrenzen.

Mit Lindenpollenkörnern.

Am 12. bzw. 19. Juli 1902 wurden aufser mehreren anderen, nicht an Heufieber leidenden Personen auch die drei Heufieberpatienten mit frischen Lindenpollenkörnern in Nase und Augen in der oben beschriebenen Weise infiziert. Bei keiner der Versuchspersonen, einschliefslich der drei Heufieberkranken, zeigten sich im Auge oder in der Nase irgendwelche subjektive oder objektive Reizerscheinungen.

Der Versuch wurde unter Anwendung verhältnismäfsig sehr grofser Mengen von Lindenpollenkörnern in den darauf folgenden Tagen mehrfach wiederholt, ohne dafs sich irgendwelche Symptome zeigten.

Die Lindenblüte fällt anscheinend in der Regel in die letzte Zeit der Gräserblüte. Dadurch erklärt es sich, dafs man die durch Pollenkörner von Gräsern ausgelösten Heufieberanfälle häufig auf die Blüte der Linden zurückführt. Auch Verfasser war bislang fest davon überzeugt gewesen, dafs gerade die Lindenblütenpollen sehr heftige Heufieberanfälle auslösten. Folgender Vorgang hatte ihn hierzu veranlafst. Vor drei Jahren reiste Verfasser, nachdem die Gräser- und Lindenblüte in der Umgebung Hamburgs abgelaufen war und damit auch seine Heufieberanfälle aufgehört hatten, nach Schottland. Hier traf er in der Umgebung von Edinburgh noch blühende Linden an, und er glaubte, die aufserordentlich heftige Heufieberattacke, die ihn befiel, nicht anders als durch diese Lindenblütendüfte erklären zu können. Thatsächlich werden gleichzeitig mit den Linden auch die Gräser dort noch geblüht haben. Dieses Beispiel mag zeigen, wie unsere naturgemäfse Neigung, die Heufieberanfälle mit irgend einer Substanz in ursächlichen Zusammenhang zu bringen, die sich unseren Sinnen aufdrängt, sehr leicht zu Fehlschlüssen führen kann.

Am 26. Juli 1902 machte Verfasser im offenen Wagen bei windigem Wetter eine Fahrt von etwa 36 km, die ihn fast unausgesetzt unter blühenden Lindenbäumen durchführte. Diese hauchten einen geradezu betäubenden Duft aus. Bei diesem stundenlangen Aufenthalt in mit Lindenpollenkörnern geschwängerter Luft machten sich keinerlei subjektive oder objektive Symptome eines Heufieberanfalles geltend. Die weiter oben angeführten negativen experimentellen Ergebnisse bestätigten sich also. Vielleicht hatte sich infolge der anormal kühlen Witterung eine Verschiebung in der Blütezeit der Linden und Gräser eingestellt? Korrespondenzen mit Herren, welche phänologische Beobachtungen anstellen, haben zu einer Bestätigung dieser Annahme geführt. Herr Oberlehrer Hahn in Kiel hatte die Güte, mir mitzuteilen, dafs nach seinem Dafürhalten die Lindenblüte im Jahre 1902 erst nach Ablauf der Gräserblüte begonnen habe. Zum erstenmal habe er in 20jähriger Praxis die Lindenblüten in mehreren Klassen nach den Sommerferien besprechen können, die am 30. Juli schlossen. Gleichzeitig hatte Herr Oberlehrer Hahn die Güte, mir eine Liste von einschlägigen Beobachtungen zu schicken, die sich über einen grofsen Teil von Schleswig-Holstein erstrecken und aus denen hervorgeht, dafs die Roggenblüte im Jahre 1902 in hiesiger Gegend in der Zeit vom 8. bis 19. Juni begann, der Beginn der Lindenblüte aber in die Zeit vom 6. bis 30. Juli, in den meisten Orten aber erst nach dem 20. Juli fiel, d. h. in eine Zeit, wo die Gräserblüte, wie meine eigenen Beobachtungen bestätigen, schon vollständig abgelaufen war. Auch Herr Prof. Lichtenberg in Oldesloe hatte die Güte, mir zu bestätigen, dafs die Lindenblüte erst nach Ablauf der Roggenblüte begonnen habe. Von anderen Seiten wurde mir noch mitgeteilt, dafs die Lindenblüte regelmäfsig erst nach Ablauf der Roggenblüte beginne. Nach meinen eigenen Erfahrungen blühen aber andere Gräser erheblich später als der Roggen, so dafs ein Zusammenfallen ihrer Blüte mit der normalen Lindenblüte sehr wahrscheinlich ist.

Die diesjährige ungewöhnliche Verzögerung der Lindenblüte hat also Gelegenheit gegeben, meine einschlägigen experimentellen Feststellungen in gröfstem Mafsstabe zu bestätigen.

Ebenso wie mit den Lindenblütendüften ist es neben sehr zahlreichen anderen Heufieberkranken auch dem Verfasser mit den Rosendüften gegangen. In Amerika bezeichnet man das Heufieber bekanntlich auch als »rosecold«. Die Rosen blühen bekanntlich gleichzeitig mit den Gräsern. In früheren Jahren hat Verfasser fest daran geglaubt, dafs bei ihm durch Rosendüfte Heufieberanfälle ausgelöst würden. Er hat um die Heufieberzeit Rosen in seinen Wohnräumen nicht geduldet und ist der Ansicht gewesen, dadurch erhebliche Linderung erzielt zu haben. Der wahre Grund für diese Linderung ist aber darin zu suchen, dafs gleichzeitig mit der Fernhaltung von Rosen auch das Geschlossenhalten der Thüren und Fenster durchgeführt worden war. Dafs aber Rosenpollenkörner Heufieberanfälle bei ihm und zwei anderen Heufieberkranken nicht auslösen, hat Verfasser durch einschlägige Experimente festgestellt. Die aus den Staubfäden verschiedener Rosenarten entnommenen Pollenkörner erwiesen sich selbst bei reichlicher Verimpfung auf die Augen- und Nasenschleimhaut der drei Versuchspersonen als gänzlich wirkungslos. Mit Rosenpollenkörnern.

Beim Isolieren der Rosenpollenkörner habe ich übrigens gelegentlich Pollenkörner von Gräsern, welche sich mikroskopisch von denen der Rosen leicht unterscheiden lassen, in den Rosenblüten angetroffen. Nach den Feststellungen Blackleys erscheint das durchaus erklärlich, denn die Luft ist, wie Blackley gezeigt hat, während des Monats Juni, also zur Zeit der Hauptrosenblüte, in Gegenden, wo Gräser zur Blüte kommen, mit sehr zahlreichen Graspollenkörnern erfüllt, die sich überall niederschlagen. Hiernach erscheint es thatsächlich nicht ausgeschlossen, dafs ein Heufieberpatient sich durch Riechen an Rosen gelegentlich einen Heufieberanfall zuzuziehen vermag. Das Riechen an den zu untersuchenden Blüten kann demnach als ein völlig einwandsfreies Experiment nicht angesehen werden.

Folgender Versuch mag hier noch seine Beschreibung finden, ehe ich zur näheren Analyse der gemachten Beobachtungen übergehe.

Verstäubungsversuche mit Roggenpollenkörnern.

Am 9. Juli 1902 setzten sich einer unserer Heufieberpatienten und ein zu Heufieber nicht disponierter Herr zusammen in einen dicht verschliefsbaren Glasschrank, durch welchen mittels einer Lockflamme Luft hindurchgesaugt werden konnte, die durch unten vorgesehene Öffnungen Zutritt hatte. Die beiden Versuchspersonen nahmen ein flaches Schälchen in die Hand, auf dessen Boden sich soviel Roggenpollenkörner befanden, wie sich etwa aus einem halben Dutzend Roggenstaubbeuteln gewinnen lassen und bliesen dieselbe abwechselnd an. Der gröfsere Teil der Pollenkörner haftete fest an dem Boden der Glasschale an. Durch das Anblasen der Glasschale liefs sich jedoch eine gewisse, recht kleine Menge davon ablösen und der umgebenden Luft mitteilen. Vier Minuten lang wurde der Versuch fortgesetzt, ohne dafs die Versuchspersonen irgend welche Symptome verspürten. Nach Ablauf dieser Zeit stellte sich aber bei dem Heufieberkranken unter schmerzhaften Empfindungen in der Brust ein Stickhusten ein. Eine Minute später wurde der Versuch abgebrochen. Der Hustenreiz nahm für die Dauer von weiteren 5 Minuten an Heftigkeit zu, ebenso die Schmerzen auf der Brust. Patient hatte beim Verlassen des Glaskastens das Gefühl der Hinfälligkeit und mufste sich auf einen Tisch stützen. Er hatte die Empfindung, als bekäme er zwischen den heftigen Hustenanfällen nicht genügend Luft. Objektiv war inspiratorischer Stridor nachweisbar. Das Gesicht des Patienten erschien gedunsen und cyanotisch. Im Zahnfleisch empfand er einen heftigen Juckreiz, so dafs er mit den Zähnen knirschte, ein Symptom, welches sich bei ihm auch bei heftigen Heufieberanfällen einzustellen pflegt. Gegen Abend, nach Ablauf von etwa 12 Stunden, traten bei gutem Puls Atembeklemmungen ein, die an Asthma erinnerten, jedoch mehr inspiratorischer Natur waren. Temperaturerhöhung war nicht zu konstatieren. Patient hatte vorher nur einmal asthmatische Beschwerden gehabt und zwar im Anschlufs an einen sehr heftigen Heufieberanfall. Am nächsten Tage fühlte sich Patient stark abgeschlagen, er litt an eitriger Bronchitis, die sich innerhalb 2—3 Tagen wieder verlor.

Die Kontroll-Versuchsperson verspürte weder während des Versuchs noch auch später irgend welche Symptome.

Der Heufieberpatient hatte während des Versuches im Glaskasten gesprochen und während des Blasens den Mund geöffnet, hieraus erklären sich, wie wir noch sehen werden, die beschriebenen asthmatischen Erscheinungen.

Am 11. Juli begab sich derselbe Heufieberpatient zusammen mit einer anderen, nicht an Heufieber leidenden Person in den Glasschrank. Dieses Mal wurden etwa ebenso viele Roggenpollenkörner wie bei dem ersten Versuch auf den Boden des Glasschrankes gebracht und durch Luftbewegung verstäubt.

Der Heufieberkranke öffnete während des Versuches den Mund nicht. Nach Ablauf von etwa 10 Minuten stellte sich bei ihm in der Nase, sowie im rechten Auge Juckreiz ein. Der Versuch wurde abgebrochen. Patient mufste mehrfach heftig niesen. Die Konjunktiva des rechten Auges zeigte sich intensiv gerötet. Die Reizerscheinungen, sowohl der Nase, wie auch des Auges, verloren sich innerhalb etwa 2 Stunden vollständig.

Auch in diesem Falle verspürte die Kontroll-Versuchsperson — übrigens nicht dieselbe wie beim ersten Versuch — weder während des Versuches noch auch später irgend welche Symptome.

Im Anschlufs an diesen Versuch haben sich noch weitere, nicht an Heufieber leidende Versuchspersonen in den Glasschrank gestellt und sich einer sehr intensiven Infektion mit verstäubten Roggenpollenkörnern ausgesetzt. Sie zeigten weder während des Versuches noch auch nachher irgend welche Reizerscheinungen.

An dieser Stelle möchte ich folgender Beobachtung Erwähnung thun, welche zur näheren Erklärung meiner oben angedeuteten Auffassung in betreff des sogenannten Heuasthmas dienen mag.

Vor zwei Jahren teilte Verfasser noch die sehr verbreitete Ansicht, den Heufieberanfällen läge eine lokale Reizbarkeit der Nasenschleimhaut zu Grunde. Die Augensymptome glaubte er auf reflektorische Vorgänge infolge des Nasenreizes zurückführen zu müssen.

Von dieser Annahme ausgehend, hatte er eine Zeitlang beim Aufenthalt im Freien systematisch durch den Mund geatmet. Die Folge davon war, dafs sich sehr bald an der

Schleimhaut der Mundhöhle, namentlich am weichen Gaumen und im Schlunde unter sehr starker Rötung und Schwellung derselben ein prickelndes, wundes Gefühl entwickelte und dafs es auch zu asthmatischen Erscheinungen kam, an denen Verfasser bis dahin und seither niemals gelitten hat. Diese Beobachtungen, zusammen mit dem oben beschriebenen Versuche vom 9. Juli, haben ihn davon überzeugt, dafs die asthmatischen Erscheinungen bei Heufieberanfällen gelegentlich durch ein Hineingelangen wirksamer Pollenkörner in die tieferen Atmungswege zu erklären sind. Dafs diese Erklärung aber nicht für alle Fälle ausreicht, geht aus Thatsachen hervor; die sich weiter unten angeführt finden.

In der neuesten Literatur wird die Ansicht vertreten, die Reizerscheinungen beim Heufieberanfall seien auf eine krankhafte Reizbarkeit des Trigeminus zurückzuführen. In der ältesten Heufieberliteratur schon finden sich Beobachtungen, welche dieser Annahme entgegenzustehen scheinen. Elliotson (28) hat schon im Jahre 1831 die Erzählung einer Dame wiedergegeben, wonach dieselbe beim Anfassen blühender Gräser Entzündungserscheinungen an der betreffenden Hand beobachtete. Diesen Vorgang haben wir experimentell nicht zu bestätigen vermocht. Es erscheint mir auch nicht ausgeschlossen, dafs hier eine falsche Deutung von Intoxikationserscheinungen vorliegen mag. Um der Frage wegen der Bedeutung des Trigeminus für die Heufieberanfälle experimentell näherzutreten, haben einer unserer Heufieberkranken und eine nicht an Heufieber leidende Person die Schleimhaut am Anus mit Roggenpollenkörnern infiziert. Der Heufieberpatient rief bei sich dadurch einen höchst intensiven, lästigen, vier Stunden andauernden Juckreiz hervor. Bei der anderen Versuchsperson blieb die Impfung ohne jeden Effekt. Dem Trigeminus kommt also nicht die Bedeutung zu, welche ihm von Fink beigemessen wird, sondern es sind alle Schleimhäute der Heufieberkranken empfindlich gegen den Reiz der Roggenpollenkörner. Auch auf die Schleimhäute beschränkt sich jedoch, wie wir noch weiter unten sehen werden, die Empfindlichkeit nicht.

Bedeutung des nervus trigeminus und des nervus ethmoidalis.

Sticker (76) neigt dazu, das Heufieber als eine Infektionskrankheit anzusehen, weil er glaubt, das Heufieber lasse sich nur während der kritischen Zeit, d. h. in der Zeit, wo die Heufieberanfälle sich naturgemäfs einzustellen pflegen, in unserem Klima also im Juni und Juli, experimentell mittels Graspollenkörner auslösen.

Wirkung der Pollenkörner aufserhalb der Leidenszeit.

Der Verlauf des folgenden Versuches schien diese Sticker'sche Auffassung zuerst zu bestätigen. Mit Roggenpollenkörnern, welche um Mitte Juli gesammelt worden waren, sich damals sehr wirksam erwiesen hatten und inzwischen im Trocknen aufbewahrt worden waren, vermochte ich bei zwei Heufieberkranken am 1. August 1902 weder im Auge noch in der Nase die sonst beobachteten heftigen Reizerscheinungen hervorzurufen. Es kam nur zu einer vorübergehenden Vermehrung der Schleimhautsekretion, bezw. zu leichtem Thränen des infizierten Auges, welches man eventuell auf den mechanischen Reiz hätte zurückführen können.

Am 4. August wiederholte ich bei denselben Heufieberpatienten den Versuch mit der Modifikation, dafs ich die Pollenkörner zuvor durch Reiben soweit zerstörte, dafs ihre äufsere Hülle, die Exine, rifs und der Inhalt des Pollenkorns austrat. Nach Applikation dieser zerstörten Pollenkörner trat sofort ein sehr heftiges Jucken auf. Dasselbe verbreitete sich von der Nase aus bis zum weichen Gaumen. Einer der Patienten mufste sofort viermal, der andere siebenmal hintereinander äufserst heftig niesen. Es trat eine sehr intensive Schleimabsonderung auf und der geimpfte Nasenflügel wurde für Luft völlig unpassierbar. Bei einem der geimpften Patienten blieb die Nase nach dieser Impfung vier Stunden lang völlig undurchgängig und es stellten sich im Laufe dieser Zeit noch wiederholt Niesanfälle ein. Auch nach Ablauf von zehn Stunden bestand noch eine vermehrte Schleimabsonderung aus der geimpften Nasenhöhle. Patient hatte ein allgemeines Gefühl von Kranksein, er vermochte sich nicht mit den leichtesten Arbeiten zu beschäftigen. Im Kopf machte sich bis zum Abend ein Gefühl von Schwere geltend. Auch bei dem anderen Heufieberpatienten stellte sich eine halbe Stunde nach der Impfung das Gefühl allgemeinen Unbehagens ein. Er erklärte, sich genau so zu fühlen wie nach Überstehen eines heftigen Heufieberanfalles.

Die eben beschriebenen experimentellen Beobachtungen, die sich übrigens noch zu einer viel späteren, gänzlich aufserhalb der Heufieberperiode liegenden Zeit (Oktober und November) immer wieder bestätigt fanden, zeigen, dafs der Hauptgrund, den Sticker gegen die Pollentheorie anführt, nicht stichhaltig ist. Sie beweisen, dafs man mittels Graspollenkörner auch aufserhalb der Heufieberperiode typische Heufieberanfälle auszulösen vermag.

Fassen wir die Ergebnisse der bisher beschriebenen Versuche zusammen, so können wir behaupten, dafs damit allen auf Seite 7 aufgestellten Forderungen genügt ist. Wir dürfen erklären, dafs Gramineenpollenkörner Erreger des Heufiebers sind. Der Frage, ob sie es ausschliefslich seien, soll weiter unten nähergetreten werden. Vorher möchte ich auf die Natur der Reizwirkung etwas näher eingehen.

Welche Bestandteile der Gramineenpollenkörner sind wirksam?

Die beiden zuletzt beschriebenen Versuche legen uns nämlich die Frage nahe, welche Bestandteile der wirksamen Pollenkörner es sein mögen, die beim Heufieberpatienten so heftige Reizerscheinungen hervorrufen.

Form und Struktur.

Der Versuch vom 1. August deutet darauf hin, dafs die wirksame Substanz nicht der äufseren Hülle (Exine) des Pollenkorns anhaftet, sondern im Inhalt des letzteren zu suchen ist. Wir werden uns deshalb zunächst über die Struktur der Gramineen-Pollenkörner zu informieren haben. Auf Tafel I Abbildung 1 finden sich Roggenpollenkörner in einer 250fachen Vergröfserung mikrophotographisch dargestellt. Die Roggenpollenkörner haben nach mikroskopischer Messung durchschnittlich eine Länge von etwa 50—60 Mikren, sie sind also etwa $^1/_{20}$ mm lang. Man findet jedoch auch Roggenpollenkörner, deren Länge nur etwa 20 Mikren beträgt; diese kleinen Körner bilden aber, soweit meine Befunde reichen, seltene Ausnahmen. Julius Fritsche (35) folgend, hat man die äufsere Hülle der Roggenpollenkörner als Exine zu bezeichnen. Diese erscheint, wie die Photogramme zeigen, vollständig glatt, sie weist aber nach Behandlung mit gewissen Chemikalien, wie z. B. Millons Reagens, ein netzartiges Gefüge auf und sie färbt sich mit Anilinfarben. Dieser äufseren Hülle liegt eine innere Hülle, die Intine, an, die nach Fritsche in Jodlösungen und Anilinfarben ungefärbt bleibt, sich in Kupferoxydammoniak löst, durch Schwefelsäure sofort zerstört wird und unter Einwirkung von Chromsäure und anderen Agentien quillt und deutlich sichtbar wird. Die Intine wird auf Grund obiger Reaktionen als eine Cellulosemembran angesehen.

Auf Tafel I Abbildung 1 liegt nahe der Mitte des Bildes ein Pollenkorn, aus welchem die Intine sich sackartig als eine farblos durchscheinende Membran weit vorstülpt.

Die Roggenpollenkörner, sowie auch die Pollenkörner sämtlicher anderen von mir untersuchten Gramineen (Liste S. 38) sind ganz angefüllt mit Körperchen, welche sich bei starker Vergröfserung als Stäbchen darstellen. Die Photogramme 1 und 2 auf Tafel II zeigen, dafs diese Stäbchen Bakterien nach Form und Gröfse so ähnlich sind, dafs man es wohl begreifen kann, wie sie von manchen Autoren mit Bakterien verwechselt werden konnten.

In 25 proz. Chromsäure lösen sich die Exine und Intine vollständig auf, so dafs der Inhalt frei wird. Man kann denselben aber auch durch weniger intensiv wirkende Substanzen aus den Pollenkörnern befreien. In der Regel findet man schon den Inhalt von zahlreichen Pollen freiliegend, wenn man die letzteren im hängenden Wassertropfen beobachtet. An den Keimporen der Pollenkörner zeigen sich dann im mikroskopischen Bilde bläschenartige Vorstülpungen der Intine, wie sie weiter oben erwähnt wurden. Andere Pollenkörner platzen schon beim Befeuchten im Wasser. In der Literatur findet sich wiederholt die Behauptung, der eben beschriebene stäbchenförmige Inhalt der Gramineen-Pollenkörner besitze sehr intensive Eigenbewegung. In den älteren Veröffentlichungen hat man hieraus sogar gefolgert, diese Stäbchen drängen infolge ihrer Eigenbewegung in die Schleimhaut und weiter in den Blutkreislauf der Heufieberpatienten ein, und dadurch würden die Heufieberanfälle ausgelöst. Später hat man die betreffenden Angaben dahin modifiziert, es handle sich nicht um Eigenbewegungen, sondern um eine aufserordentlich lebhafte Molekularbewegung dieser Stäbchen. Die betreffenden Autoren haben ihre Untersuchungen offenbar nicht im hängenden Tropfen angestellt. In letzterem liegen die Stäbchen nämlich vollkommen ruhig.

Man hat die in Frage stehenden Stäbchen als Stärkekörnchen bezeichnet. In der That zeigen sie, sowohl in Jodlösung, als auch in Jod-Jodkaliumlösung die charakteristische Farbenreaktion. Behandelt man die Pollenkörner von Gramineen mit Lugol'scher Lösung, so zeigen sich die äufseren Hüllen strohgelb verfärbt, der ganze Inhalt aber dunkelviolett braun. Tafel I 2 läfst die dunkle Verfärbung des Polleninhalts erkennen. Die mit Lugol'scher Lösung behandelten freiliegenden Amylumkörnchen sind, wie die vorher angezogenen Photogramme, Tafel II, 1 und 2 zeigen, Bakterien aufserordentlich ähnlich.

Die Pollenkörner sollen aufser Cutin, bezw. Suberin, die in der Exine vorkommen sollen. sowie Cellulose, aus welcher sich die Intine zusammensetzen soll, an chemischen Substanzen noch ätherische und fette Öle, Wachs, eiweifshaltige Substanzen, die schon erwähnten Amylumkörnchen, Gummi- und Schleimsubstanzen aufweisen.

Ätherische Öle und Wachs sollen sich bei manchen Pollenkörnern hauptsächlich in der Aufsenhülle finden.

Impfversuche mit den öligen Bestandteilen der Pollenkörner.

Da die öligen Bestandteile der Pollenkörner schon wiederholt als die eigentlichen Erreger der Heufieberanfälle hingestellt worden sind, so mögen meine nach dieser Richtung ausgeführten Versuche zunächst ihre Erörterung finden.

Schon der oben beschriebene Versuch vom 1. August (S. 23) deutet darauf hin, dafs es nicht die der äufseren Hülle anhaftenden Bestandteile sein können, welche die Anfälle hervorrufen. In dem damals verimpften Material fanden sich bei mikroskopischer Betrachtung nur unversehrte Pollenkörner. Wenn bei der Impfung dieses Materials, das schon längere Zeit trocken gelegen hatte, nicht, wie wir es sonst gewohnt waren, heftige Heufieberanfälle auftraten, so ist das, wie ich annehme, so zu erklären, dafs die Exine ihre Quellungsfähigkeit und die Neigung zum Platzen, wie sie bei frischen Pollenkörnern in der Regel beobachtet wurde, verloren hatte. Es wird nur so viel vom Inhalte der Pollenkörner frei geworden sein, als genügte, um die beschriebene, geringe Schleim- bezw. Thränenabsonderung hervorzurufen, wodurch die Pollenkörner aus dem infizierten Auge bezw. Nasenflügel alsbald wieder fortgeschwemmt worden sein werden, ehe noch ihre wirksamen Bestandteile frei wurden.

Um aber die Frage nach der Bedeutung der in den Pollenkörnern enthaltenen öligen Bestandteile zur völlig sicheren Entscheidung zu bringen, ist folgender Versuch angestellt worden:

Eine gröfsere Menge von frischen Roggenpollenkörnern wurde mit Äther ausgezogen. Im mikroskopischen Bilde zeigte sich, dafs viele der so behandelten Pollenkörner alsbald platzten und ihren Inhalt entleerten. Von demselben schien sich im Äther nichts zu lösen. Durch Filtrieren wurde der Äther von den Pollenkörnern getrennt und zum Verdunsten gebracht. Es blieb ein grofser Tropfen öliger Bestandteile als Rückstand auf der Schale. Zwei Heufieberkranke infizierten sich mit je der Hälfte dieses Tropfens die Nase. Es traten keinerlei Reizerscheinungen auf. Die Menge der Pollenkörner, welche mittels Äther behandelt worden war, hätte genügt, um bei einer sehr grofsen Anzahl von Heufieberkranken intensive Anfälle auszulösen. Wenn deshalb die daraus gewonnenen öligen Bestandteile bei Heufieberkranken nicht die geringsten Symptome auszulösen vermochten, so mufs ich daraus schliefsen, dafs die hier in Frage stehenden Stoffe als die wirksamen nicht angesehen werden dürfen.

Die mit Ather behandelten Pollenkörner wurden mit Wasser und Äther zu gleichen Teilen ausgeschüttelt. Nach dem Schütteln nahm die Emulsion den äufseren Charakter eines sehr zähen Schleimes an, der mit äufserst zahlreichen kleinen Gasbläschen durchsetzt war. Die mikroskopische Untersuchung dieses Schleimes ergab, dafs die Intine der Pollenkörner in sehr voluminöser Form aus letzteren hervortrat. Die übrigen Bestandteile der Pollenkörner erschienen unverändert. Der wäfsrige Anteil der unter dem Äther stand, wurde mittels Scheidetrichter abgelassen. Er zeigte viele unveränderte Pollenkörner.

Sowohl der wäfsrige Teil, wie auch der erwähnte Schleim, lösten bei Heufieberpatienten sofort heftige Anfälle aus. Beide Präparate blieben dagegen bei Kontroll-Versuchspersonen vollkommen wirkungslos.

Die schleimigen Ätherbestandteile wurden bei Körpertemperatur (37° C.) sofort dünnflüssig. Nach dem Verdunsten blieb ein wirksamer Rückstand zurück. Ein Teil dieses Schleimes blieb bei Zimmertemperatur stehen und verlor den schleimigen Charakter erst nach Ablauf einiger Wochen. Um diese Zeit wurden die noch ungelösten Bestandteile vom Äther abfiltriert. Der Äther wurde verdunstet. Dabei ergab sich wiederum ein Tropfen öliger Bestandteile als Rückstand. Derselbe wurde je zur Hälfte auf zwei Heufieberpatienten verimpft. Auch diesmal blieben die öligen Bestandteile ohne jede Wirkung. Der Filterrückstand dagegen löste heftige Reizerscheinungen aus.

Hiernach dürfte es als erwiesen angesehen werden, dafs die öligen Bestandteile der Pollenkörner einschliefslich der viel beschuldigten ätherischen Öle Heufieberpatienten gegenüber völlig wirkungslos sind.

Löslichkeit der Stärkestäbchen.

Bringt man Gramineen-Pollenkörner, nach Zerstörung der Exine, in Thränensekret, Nasenschleim, Speichel, oder Blutserum, so lösen sich die Amylumstäbchen innerhalb kurzer Zeit darin vollständig auf. Beschleunigt wird die Auflösung bei Körpertemperatur. Trennt man mittels Centrifuge die nicht aufgelösten Hüllenbestandteile von der Lösung, so erweist sich der Rückstand nach sorgfältigem Auswaschen Heufieberpatienten gegenüber vollständig wirkungslos, sofern die mikroskopische Prüfung völlige Abwesenheit ungelöster Amylumstäbchen ergibt.

Impfversuche mit Lösungen des Inhaltes der Pollenkörner.

Man mufs nach diesem Befunde schliefsen, dafs die Gesamtmenge der wirksamen Substanzen in den angeführten Sekreten und Flüssigkeiten in Lösung übergegangen ist. In der That zeigen sich die Lösungen denn auch sehr wirksam. Schon alsbald nach Verimpfung derselben auf die Schleimhäute von Heufieberpatienten treten Reizerscheinungen auf, die je nach der Menge der gelösten Pollenkörner, also proportional der Konzentration der Lösung, sich steigern.

Der Heufiebererreger ist also ein lösliches Gift.

In Wasser, bezw. in physiologischer Kochsalzlösung, verhält sich die Lösbarkeit der Amylumstäbchen von verschiedenen Gramineen nicht ganz gleich. Bei der Ackerquecke (Agropyrum repens) lösten sich diese Körnchen in physiologischer Kochsalzlösung fast ebenso vollständig auf wie in Blutserum. Die Stärkestäbchen der von mir untersuchten Roggenpollenkörner dagegen blieben selbst bei tagelanger Einwirkung physiologischer Kochsalzlösung bei oberflächlicher Betrachtung anscheinend unverändert. Die genauere Untersuchung ergab jedoch, dafs die Zahl der Stärkestäbchen sich etwas verringerte.

Wurden zerriebene Roggenpollenkörner in physiologischer Kochsalzlösung aufgeschwemmt und 24 Stunden bei 37° C. ausgezogen, dann centrifugiert, der wäfsrige, vom Rückstand befreite Auszug mit Alkohol behandelt, so ergaben sich sehr geringe Mengen eines grofsflockigen Niederschlages. Wurde dieser Niederschlag auf einem Filter gesammelt und mittels Alkohol kräftig ausgewaschen, darauf getrocknet und auf Heufieberpatienten verimpft, so löste er sowohl im Auge wie auch in der Nase, selbst in geringsten Mengen, relativ recht heftige Symptome aus.

Ausfällung des Toxins.

Der durch Filtration von den Niederschlägen befreite Alkohol wurde bei 37° C. verdunstet. Dabei ergaben sich sehr geringe Mengen einer hygroskopischen Substanz, die sich als durchaus unwirksam erwies.

Hiernach gelingt es, aus den Roggenpollenkörnern durch physiologische Kochsalzlösung jedenfalls einen Teil der wirksamen Substanz auszuziehen, und *gelingt es ferner, diese wirksame Substanz aus der wäfsrigen Lösung mittels Alkohol zu fällen.*

Weiter oben wurde schon darauf hingewiesen, dafs die Stärkestäbchen gewisser Gramineenarten sich im Wasser anscheinend weit leichter löslich erweisen als die Stärkestäbchen der Roggenpollenkörner. Zerriebene Pollenkörner des Agropyrum repens, in physiologischer Kochsalzlösung bei 37° 4 Stunden hindurch ausgezogen, liefsen in dem Rückstande schon fast gar keine ungelösten Stärkestäbchen mehr erkennen. Wurde hierauf das Präparat durch Centrifugieren von dem Rückstande befreit, und mit Alkohol behandelt, so ergab sich ein weit kräftigerer Niederschlag, als bei gleicher Behandlung des wäfserigen Auszuges aus Roggenpollenkörnern. Dieser

Niederschlag bildete in dem Reagensglas nach etwa 12stündigem Stehen einen annähernd 1 ccm messenden, sehr lockeren Ballen. Nach Trennung dieses Niederschlages von dem Alkohol erwies sich der Niederschlag selbst in sehr geringen Mengen aufserordentlich wirksam.

Aus den Roggenpollen gelingt es nicht, innerhalb 24 Stunden mittels physiologischer Kochsalzlösung die wirksame Substanz auch nur annähernd vollständig auszuziehen. Der Rückstand der wäfserigen Aufschwemmung erwies sich nach Ablauf obiger Zeit, selbst in kleinsten Dosen noch von annähernd ungeschwächter Wirksamkeit. Mit Blutserum dagegen gelingt die Extraktion der wirksamen Substanzen aus den Roggenpollenkörnern in vollständigem Mafse schon innerhalb kürzester Zeit.

Sobald die Auflösung der Stärkestäbchen im Blutserum soweit vorgeschritten ist, dafs mikroskopisch, selbst nach Behandlung mit Jodkalium, keine Stärkestäbchen mehr nachweisbar sind, kann man, wie oben gezeigt wurde, darauf rechnen, dafs der auscentrifugierte Bodensatz des Blutserum-Auszuges sich bei Verimpfung auf Heufieberpatienten vollständig unwirksam erweist. Die von körperlichen Bestandteilen völlig befreite Blutserumlösung dagegen zeigt sich dann, wie gesagt, aufserordentlich wirksam. Diese Beobachtungen legen die Annahme nahe, dafs die Amylumkörper der Gramineenpollenkörner die wirksame Substanz repräsentieren.

Aus dem Blutserum vermag man mittels Alkoholbehandlung die wirksame Substanz ebenso, wie aus der Kochsalzlösung, vollständig zu fällen. Verdunstet man nämlich den zur Fällung benutzten Alkohol, so erweist sich der Verdunstungsrückstand, welcher eine hygroskopische, schmierige Masse darstellt, völlig unwirksam.

Die besprochenen Amylumkörnchen verhalten sich in allen Punkten wie Stärke. Zu den weiter oben schon angeführten einschlägigen Reaktionen wäre noch hinzuzufügen, dafs diese Körnchen in über 60° C. erwärmtem Wasser quellen und verkleistern. Es bildet sich dann eine zähflüssige, opalescierende Masse. In 2proz. Kalilauge lösen sich diese Amylumkörnchen schon innerhalb kurzer Zeit vollständig, in schwächeren Lösungen innerhalb etwa 12 Stunden. Neutralisiert man eine

Auflösung der Amylumkörnchen in 4proz. Natronlauge mittels Salzsäure, so erweist sich das erhaltene Produkt vollständig unwirksam. Dieses ist die einzige Reaktion, bei welcher es mir bislang gelungen ist, die vollständige Zerstörung der wirksamen Substanz nachzuweisen. Beim Aufkochen der Lösungen bleiben letztere wirksam. Die Blutserumlösungen verlieren jedoch bei längerem Stehen an der Luft an Wirksamkeit.

Zerstörung des Toxins.

Die Amylumstäbchen der Gramineenpollenkörner scheinen, wie oben gesagt, die wirksame Substanz zu repräsentieren. Bislang ist es mir auch noch nicht gelungen, wirksame Pollenkörner zu finden, welche nicht Amylumstäbchen enthielten. Anderseits mufs ich hinzufügen, dafs die Pollenkörner von Malva silvestris und einigen anderen Pflanzen, obgleich sie reichlich Stärkestäbchen enthalten, sich bei den bisherigen Prüfungen völlig unwirksam erwiesen haben. Es müfsten mithin, soweit meine Erfahrungen reichen, nur gerade die Stärkestäbchen der Gramineenpollenkörner Heufieberpatienten gegenüber wirksam sein.

Bedeutung der Amylumkörner.

Stärke, welche man durch Zerreiben verschiedenartiger Getreidekörner erhält, erwies sich bei den Heufieberpatienten als völlig unwirksam. Ich erwähne dieses besonders im Hinblick auf zwei Mitteilungen, die ich in der Literatur gefunden habe, wonach Heufieberpatienten glaubten, jedesmal einen Heufieberanfall bekommen zu haben, wenn sie gestärkte Taschentücher benutzten. Einem der Patienten gab dieses Anlafs, in der Heufieberperiode immer ungestärkte Taschentücher zu benutzen. Ich befürchte, dafs es sich hier auch wohl um eine unrichtige Schlufsfolgerung handelt. Gerade die Wäsche ist ja beim Trocknen zur Frühjahrszeit sehr der Bestäubung mit Pollenkörnern ausgesetzt. Auf ähnliche Weise werden sich wohl auch manche Mitteilungen aus der Literatur erklären, wonach Heufieberkranke heftige Anfälle bekamen, wenn sie sich zu Bett legten. Übrigens pflegt man ja die Schlafkammerfenster den ganzen Tag hindurch und häufig auch während der Nacht offen stehen zu lassen. Darin wird die Erklärung für manche Beobachtungen zu suchen sein, welche Heufieberpatienten zur Nachtzeit an sich gemacht haben.

Die Wirksamkeit anderer Stärkearten.

Die weiter oben beschriebenen, durch Alkoholfällung gewonnenen wirksamen Niederschläge gaben keine Stärkereaktion.

Die Stärke mufs also durch die angewandte Behandlung eine Veränderung erfahren haben. Sie geben aber, soweit ich bisher feststellen konnte, auch keine Eiweifsreaktion. Um Alkaloide scheint es sich ebenfalls nicht zu handeln.

Die oben beschriebenen Versuche zur näheren Definierung des wirksamen Körpers dürfen noch nicht als völlig abgeschlossen betrachtet werden. Die darüber noch im Gange befindlichen weiteren Arbeiten haben aber bislang nur dazu dienen können, die ätiologische Bedeutung der Stärkestäbchen von Gramineenpollenkörnern noch wahrscheinlicher zu machen.

Cutane Verimpfung von Roggenpollenkörnern.

In der Heufieberliteratur findet sich wiederholt die Behauptung, Roggenpollenkörner wirkten, subcutan appliciert, nicht. Diese Behauptung stützt sich anscheinend nur auf Versuche von Blackley (12) und Patton (61). Trifft dieses zu, so handelt es sich offenbar um falsche Schlufsfolgerungen, die durch die Literatur weiter getragen wurden. Denn Blackley konnte durch cutane Applikation von Graspollenkörnern nicht unerhebliche Reizwirkungen an der infizierten Stelle hervorrufen. Er hat z. B. eine Stelle der Haut seines Vorderarmes in einer Ausdehnung von etwa 1/4 Zoll scarifiziert, wie es bei der Vaccination geschieht und auf die betreffende Stelle Pollenkörner hinaufgebracht. Schon einige Minuten nach Aufbringung der Pollenkörner stellte sich intensiver Juckreiz ein unter Schwellung der Impfstelle. Hitzegefühl und Rötung blieben jedoch aus. Allmählich breitete sich die Schwellung, von der Impfstelle ausgehend, weiter aus. Immerhin nahm sie keinen gröfseren Umfang als $2^1/_2$ Zoll an. Nach 48 Stunden war sie verschwunden. Bei später wiederholter Impfung, sowohl am Arm, wie auch über der Tibia zeigten sich dieselben Symptome.

Auch Patton (61) hat die Impfung nur cutan vorgenommen. Es zeigte sich aber an der scarifizierten und mit Pollenkörnern geimpften Stelle eine, wenn auch schnell vorübergehende Reizung.

Subcutane Einspritzung des Toxins.

Über meine eigenen einschlägigen Versuche ist folgendes zu berichten: Ein Kollege, der an Heufieber leidet, liefs sich von mir in Blutserum gelöstes Pollentoxin subcutan am Arm injizieren. Obgleich nur 1/10 ccm der Lösung, in 1 ccm Wasser aufgeschwemmt, zur Anwendung kam, so waren die dadurch ausgelösten Symptome, wie die nachfolgende Krankengeschichte zeigt, doch geradezu beängstigende.

Eine Minute nach der Injektion empfand Patient Schwindelgefühl. Nach Ablauf von 15 Minuten stellte sich ganz plötzlich sieben- bis achtmaliges heftiges Niesen ein, 2 Minuten später trat Hustenreiz auf. Der Hustenanfall erinnerte an Keuchhusten und kehrte während der Dauer von etwa einer halben Stunde anfallsweise, erst lange andauernd, später in Intervallen von einigen Minuten in kürzeren Attacken wieder. Dabei hatte Patient in den Luftwegen ein rauhes, kratzendes Gefühl. Er erklärte, es sei ihm, als hätte er schweflige Säure eingeatmet.

Gleichzeitig mit dem Hustenanfall trat Ausflufs aus der Nase auf. Die beiden Nasenhöhlen schwollen schon innerhalb einiger Minuten vollständig zu, so dafs sie für Luft absolut unpassierbar wurden.

Die Konjunktiva zeigte sich um diese Zeit sehr stark injiziert und chemotisch, die Augen thränten unausgesetzt. Am Zahnfleisch empfand Patient heftiges Jucken, so dafs er mit den Zähnen knirschte. Um dieselbe Zeit etwa schwoll das Gesicht des Patienten, welches cyanotische Verfärbung zeigte, dermafsen an, dafs er fast unkenntlich wurde, insbesondere waren die blaurot verfärbten Ohren stark ödematös. Die Gesichtsvenen traten sehr stark hervor. In den Ohren hatte Patient das Gefühl einer heftigen Spannung. Die Untersuchung des Ohres ergab am Trommelfell einen normalen Befund.

Schon eine Viertelstunde nach der Impfung war die Stimme des Patienten vollständig tonlos. Die Kehlkopfspiegelung ergab, dafs die Schleimhaut des Kehlkopfes ebenso wie die Schleimhaut des Schlundes stark gerötet war.

Mittlerweile machten sich beim Patienten auf der Brust Schmerzen geltend. Es trat ein hörbarer inspiratorischer Stridor auf. Patient hatte das Gefühl wie bei einer beginnenden Bronchitis. Er hustete geringe Mengen eines zähen, schleimigen Auswurfes aus. Patient geriet in eine aufserordentlich heftige Transpiration, so dafs der Schweifs ihm unausgesetzt von der Stirne lief. Die Atmung war beschleunigt (28—32 pro Minute) und sehr erschwert, der Puls 92, beim Patienten normalerweise 68, bei normaler Körpertemperatur (36,8).

Trotz dieses objektiv weit schwereren Befundes meinte Patient, dafs er sich nicht so krank fühlte wie nach dem weiter oben beschriebenen Versuche im Glaskasten am 9. Juli.

50 Minuten nach der Impfung empfand Patient an dem ganzen Körper heftiges Jucken. Die Besichtigung ergab flache Urticaria mit Quaddelbildung über den ganzen Körper verbreitet.

Etwa 4 Stunden nach der Impfung fühlte sich Patient etwas besser, insbesondere hatten die Atembeklemmungen um diese Zeit aufgehört. 2 Stunden später stellte sich jedoch wieder Hustenreiz, sowie inspiratorischer Stridor und Beklemmung auf der Brust ein. Patient hatte bei normaler Temperatur Frostgefühl und eingenommenen Kopf. Die Urticaria war inzwischen verschwunden, jedoch zeigte sich noch ein starkes Erythem. Das Gesicht war zu dieser Zeit und auch 24 Stunden später stark ödematös.

Am folgenden Morgen empfand Patient noch leichtes Schwächegefühl und Unlust zur Arbeit. Beim Gehen und Treppensteigen zeigte sich ein Gefühl der Beklemmung und Schmerzen in der Herzgegend, beides Symptome, die beim Patienten, der an körperliche Anstrengungen gewöhnt ist, normalerweise nie vorkommen.

An der Impfstelle bildete sich 20 Minuten nach erfolgter Injektion eine 5 cm breite, harte, nicht schmerzhafte, intensiv gerötete Stelle heraus. Die Impfstelle fühlte sich heifs an. Diese Schwellung vergröfserte sich fortgesetzt. Am Abend reichte sie vom Ellbogen bis zum Handgelenk des infizierten Armes. Beim Druck blieb keine Delle zurück. Die Nacht über wurde ein feuchter Verband angewendet und der Arm hoch gelegt. Am nächsten Morgen war die Schwellung bis zu den Mittelhandknochen vorgedrungen. Das um diese Zeit angefertigte Photogramm (Tafel III) zeigt die sehr starke Entstellung des Armes noch deutlich. Der Umfang des infizierten (linken) Unterarmes betrug 24 Stunden nach der Impfung 29,5, während der Umfang des rechten Armes an derselben Stelle etwa 28 cm betrug. Nach Abschwellung des infizierten Armes zeigte dieser einen Umfang von 27 cm. Die Schwellung begann am zweiten Tage nach der Impfung zurückzugehen und war am fünften Tage vollständig verschwunden.

Etwa 24 Stunden nach der Impfung erwies sich die Augenbindehaut des Patienten gegen Impfung mit einem sehr wirksamen Graspollenkörnerextrakt weit weniger reizbar als normalerweise.

Ein anderer Kollege, der nicht an Heufieber leidet, erbot sich, trotz der eben beschriebenen schlimmen Resultate, in dankenswerter Weise zur Kontrolle. Er erhielt ebenfalls am linken Unterarm dieselbe Dosis der gleichen Substanz injiziert. Abgesehen von einer geringen, kaum merklichen lokalen Schwellung an der Impfstelle traten in diesem Falle nicht die geringsten störenden Erscheinungen auf.

Diese Befunde, welche sich bei Wiederholung an andern Heufieberpatienten sowohl als auch Kontrollpersonen völlig bestätigt fanden, zeigen, dafs Roggenpollenkörner eine in Blutserum lösliche Substanz enthalten, die sich Heufieberkranken gegenüber als ein ganz aufserordentlich heftig wirkendes Gift darstellt, andern Personen gegenüber dagegen völlig ungiftig ist.

Wir dürfen des weiteren auf Grund der weiter oben beschriebenen Befunde schliefsen, dafs die Empfindung des Krankseins, die sich nach wiederholten Heufieberanfällen einstellt, als die Folge einer Resorption dieses Giftes aufzufassen ist. Ferner können wir schliefsen, dafs dieses Gift, einerlei wo und auf welche Weise es in die Blutbahn gelangt, sämtliche Symptome des Heufiebers auslöst. Auf das Heufieberasthma zurückkommend, kann auf Grund der oben beschriebenen Befunde nunmehr erklärt werden, dafs das Asthma nicht in jedem Fall als eine Folge der Einatmung von Roggenpollenkörnern in die tieferen Luftwege zu erklären, sondern dafs es unter Umständen als eine Folge der allgemeinen Intoxication mit Heufiebergift aufzufassen sein wird.

Die in der einschlägigen Literatur immer wieder vorgetragenen Hypothesen, welche das Heufieber mit Nasenerkrankungen, mit Trigeminuserkrankungen und mit sonstigen lokalen Erkrankungen in ätiologische Beziehung zu bringen trachten, werden nach obigen Befunden als völlig haltlos zu bezeichnen sein. Auch können alle diejenigen Erklärungen des Heufiebers, die eine suggestive Wirkung annehmen, durch die oben dargelegten Befunde als widerlegt betrachtet werden.

Die beschriebenen Experimente haben den Beweis erbracht, dafs die sämtlichen Symptome des Heufieberanfalles als die Folgen einer spezifischen Vergiftung aufzufassen sind.

Die Frage wegen der individuellen Disposition lasse ich an dieser Stelle noch unberührt.

Versuche zur Feststellung, welche Arten von Pollenkörnern im stande seien, Heufieberanfälle hervorzurufen.

Blackley (12) ist bekanntlich auf Grund von Untersuchungen, die er an 76 Pflanzenarten ausführte, zu der Auffassung gelangt, dafs jedwede Pollenart im stande sei, Heufieberanfälle bei Heufieberpatienten hervorzurufen.

Von den von Blackley bezeichneten Pflanzenarten habe ich bislang 18 untersuchen können, welche den Gramineen nicht angehören. Von keiner dieser 18 Pflanzenarten haben sich die Pollenkörner bei unsern drei Heufieberpatienten wirksam erwiesen. Ebenso ging es mir bei 7 anderen Pflanzenarten, welche den Gramineen nicht angehören, die sich aber in der Literatur als Heufiebererreger bezeichnet finden. Die Grundlagen, auf welche sich die hier in Frage kommenden früheren Veröffentlichungen stützen, müssen zum grofsen Teil als derartig ungenügend bezeichnet werden, dafs die Divergenz der Meinungen sich leicht erklärt. Die meisten in der Literatur verzeichneten einschlägigen Angaben fufsen überhaupt nicht auf Experimenten.

Gramineen.

Von den 18 Gramineenarten, die ich bislang prüfen konnte, erwiesen sich alle ausnahmslos wirksam. (Siehe nachstehende Tabelle.) Hiernach neige ich zu der Auffassung, dafs das Heufiebertoxin sich nur in den Pollenkörnern von Gramineen findet. Dafs diese Frage aber noch der weiteren vervollständigenden Prüfung bedarf, liegt auf der Hand.

Ergebnisse eigener Untersuchungen

betreffend Wirksamkeit der Pollenkörner verschiedener Pflanzengruppen, in Vergleich gesetzt zu den Beobachtungen anderer Autoren.

Bezeichnung der Pflanzen		Lösten die Pollenkörner bei Heufieberpatienten Reizerscheinungen aus?	Enthielten die Pollenkörner Amylumstäbchen?
		+ = ja. − = nein.	
I. Pflanzen, welche nicht zu den Gramineen gehören. Davon sollen			
a) nach Blackley wirksam sein:			
Aconitum Napellus . . .	Wahrer Sturmhut	—	—
Papaver Rhoeas	Klatschrose	—	—
Viola tricolor	Stiefmütterchen	—	+
Malva silvestris	Wilde Malve	—	+
Geranium pratense . . .	Wiesenstorchschnabel . . .	—	+
Rubus fruticosus . . .	Brombeere	—	—
Rosa canina . . . . . (und noch andere Rosenarten)	Hundsrose	—	—
Conium maculatum . . .	Gefleckter Schierling	—	—
Heracleum Sphondylium .	Gemeine Bärenklau	—	—
Scabiosa Columbaria . .	Tauben-Skabiose	—	—
Arctium Lappa	Klette	—	—
Matricaria Chamomilla .	Echte Kamille	—	—
Calendula officinalis . .	Gebräuchliche Ringelblume .	—	—
Solanum Dulcamara . .	Bittersüßer Nachtschatten . .	—	—
Atropa Belladonna . . .	Gemeine Tollkirsche	—	+
Rumex Hydrolapathum .	Wasserampfer	—	+
Euphorbia Gerardiana . .	Gerards Wolfsmilch	—	+
Plantago lanceolata . . .	Lanzettblättriger Wegerich .	—	—
b) nach anderen Autoren wirksam sein:			
Sambucus nigra	Schwarzer Hollunder, Flieder .	—	—
Rosa	7 verschiedene Rosenarten .	—	—

Bezeichnung der Pflanzen		Lösten die Pollenkörner bei Heufieberpatienten Reizerscheinungen aus?	Enthielten die Pollenkörner Amylumstäbchen?
		+ = ja. — = nein.	
Tilia ulmifolia	Rüsterblättrige Linde	—	—
Philadelphus coronarius	Pfeifenstrauch	—	—
Urtica dioica	Zweihäusige Nessel	—	—
Artemisia Absinthium	Wermut	—	—
Lycopodium clavatum	Bärlapp (Sporen)	—	—
c) bisher noch nicht anderweit geprüft:			
Nicotiana rustica	Bauerntabak	—	—
Convolvulus arvensis	Ackerwinde	—	—
Hypericum quadrangulum	Vierkantiges Johanniskraut	—	—
Plantago media	Mittlerer Wegerich	—	—
Daucus Carota	Gemeine Möhre	—	—
Digitalis purpurea	Roter Fingerhut	—	—
Malva Alcea	Spitzblättrige Malve	—	+
Althaea rosea	Stockrose	—	+
Althaea ficifolia	Gemeiner Eibisch	—	+
Lavatera thuringiaca	Thüringische Lavatere	—	+
Verbascum nigrum	Schwarzes Wollkraut	—	—
Verbascum phlomoides	Windblumenähnl. Wollkraut	—	—
Campanula rapunculoides	Rapunzelähnl. Glockenblume	—	+
Coriandrum sativum	Gebauter Koriander	—	—
Artemisia vulgaris	Gemeiner Beifufs	—	—
	Farnsporen	—	—
II. Gramineen.			
Secale cereale	Roggen	+	+
Hordeum sativum	Gerste	+	+
Triticum sativum	Weizen	+	+
Zea Mays	Mais	+	+
Agropyrum repens (Triticum repens)	Ackerquecke	+	+
Cynosurus cristatus	Kammgras	+	+
Festuca elatior	Hoher Schwingel	+	+
Phalaris arundinacea	Rohrartiges Glanzgras	+	+
Holcus lanatus	Wolliges Honiggras	+	+
Aira caespitosa	Rasenschmiele	+	+

Bezeichnung der Pflanzen.		Lösten die Pollenkörner bei Heufieberpatienten Reizerscheinungen aus?	Enthielten die Pollenkörner Amylumstäbchen?
		+ = ja. − = nein.	
Oryza sativa	Reis	+	+
Anthoxanthum odoratum	Wohlriechendes Ruchgras	+	+
Calamagrostis montana	Veränderliches Rohrgras	+	+
Calamagrostis Halleriana	Haller's Rohrgras	+	+
Lolium perenne	Engl. Raigras	+	+
Festuca gigantea	Riesenschwingel	+	+
Avena flavescens	Goldhafer	+	+
Brachypodium silvaticum	Waldzwenke	+	+

Bei den hier verzeichneten Versuchen reagierten unsere drei Heufieberpatienten den geprüften Pollenkörnern gegenüber vollständig übereinstimmend. Pollenkörner, welche bei dem einen nicht wirksam waren, lösten auch bei dem anderen keine Reizerscheinungen aus.

Unter den geprüften Pollenarten finden sich, wie eingangs schon erwähnt wurde, auch solche, welche mit Stacheln verschiedenster Form dicht besetzt waren. Keine dieser mit rauher Oberfläche behafteten Pollenkörner haben indessen Reizerscheinungen hervorgerufen. Die Auffassung, als kämen bei den Heufieberanfällen auch mechanische Reize durch die rauhe Oberfläche der Pollenkörner in Frage, darf hiernach, wenigstens für die drei hier in Frage kommenden Heufieberpatienten, als völlig hinfällig bezeichnet werden. Mit Stacheln besetzte Pollenkörner.

Die Hüllen der Gramineenpollenkörner sind, wie schon hervorgehoben, gänzlich frei von Stacheln. Die untersuchten Gramineenpollenkörner enthielten aber, wie aus der Liste hervorgeht, sämtlich zahlreiche Amylumstäbchen, und ich halte es nach den oben beschriebenen Versuchen, wenn auch noch nicht für völlig sichergestellt, so doch für höchst wahrscheinlich, dafs gerade die Amylumstäbchen der Gramineen das Heufiebertoxin repräsentieren oder doch wenigstens enthalten.

Vorkommen von Stärkekörnern bei Pflanzen, welche nicht zu den Gramineen gehören.

Unwirksamkeit derselben.

Die Frage liegt nun sehr nahe, ob nur die Gramineenpollenkörner solche Stärkestäbchen enthalten, oder wenn das nicht zutrifft, ob überhaupt alle Pollenkörner, welche Amylumstäbchen enthalten, Heufieberanfälle auszulösen imstande seien. Die erstere Frage ist sicher verneinend zu beantworten, denn in der vorstehenden Liste finden sich 11 Pflanzenarten aufgeführt, die nicht zu den Gramineen gehören und doch Amylumstäbchen in ihren Pollenkörnern aufweisen. Auch die zweite Frage ist zu verneinen, denn die Pollenkörner der 11 Pflanzen haben keinerlei Reizerscheinungen auszulösen vermocht.

Unter denjenigen Gramineenpollen, die bislang einer Untersuchung unterzogen werden konnten, befinden sich diejenigen von Roggen, Weizen, Gerste, Reis und Mais. Die Wirkung dieser Pollenkörner war eine nach jeder Richtung hin übereinstimmende. Auch unterscheidet sie sich nicht von derjenigen der übrigen untersuchten Grasarten. Wenn mithin einzelne Grasarten, wie z. B. das Ruchgras (Anthoxanthum odoratum) seitens mancher Heufieberpatienten als besonders wirksam hingestellt werden, so wird das dadurch zu erklären sein, dafs die betreffenden Patienten durch den intensiven Geruch dieses Grases auf dasselbe besonders aufmerksam gemacht wurden.

Verhalten der Pollenkörner stark riechender Pflanzen.

Unter den geprüften Pollenkörnern finden sich auch diejenigen von Linden, Rosen, Wermut und Veilchen. Sie erwiesen sich bei unseren drei Heufieberpatienten als völlig unwirksam. Unsere drei Patienten waren, wie wohl fast die meisten Heufieberpatienten, der festen Überzeugung gewesen, dafs die Lindenblüten ganz besonders schädlich für sie seien. Unsere Experimente haben sie aber davon völlig überzeugt, dafs die Lindenblüten ganz harmlos sind; ebenso haben sie die früher gehegte Auffassung fallen lassen, als ob die Pollenkörner von Rosen und anderen stark riechenden Blüten, die man bislang als Haupterreger des Heufiebers ansah, sie schädigten. Besonders interessant war es uns, festzustellen, dafs auch die Pollenkörner von Wermut völlig unwirksam blieben, die bekanntlich von vielen als Erreger der Herbstanfälle in den Vereinigten Staaten angesehen werden. Auch hier wird es der starke Geruch dieser Blüten sein, welcher die

Patienten irregeleitet hat. Schliefslich spielt Lycopodium in der Literatur als Erreger von Heufieberanfällen eine gewisse Rolle. Unsere damit angestellten Versuche verliefen völlig negativ.

Herr Professor Dr. Zacharias, der Direktor unserer botanischen Anstalten, und Herr Dr. Klebahn haben mir meine Untersuchungen durch gütige Überlassung zahlreicher Blütenarten sehr erleichtert und mich dadurch zu aufrichtigem Danke verpflichtet.

Zur specifischen Behandlung des Heufiebers.

Nach Feststellung der Thatsache, dafs der Heufieberanfall als die Folge einer Intoxikation aufzufassen ist, sowie der Thatsache, dafs das betreffende Gift sich in Lösung gewinnen läfst, lag der Gedanke sehr nahe, Versuche zur Gewinnung eines specifischen Gegengiftes anzustellen, zumal alle bisherigen Versuche zur Heilung des Heufiebers völlig fehlgeschlagen sind. Diese Versuche haben bislang nur in recht bescheidenem Umfange ausgeführt werden können. Die dabei erzielten Resultate mögen hier aber dennoch eine kurze Erwähnung finden.

Versuche zur Gewinnung von Antitoxin.

Verschiedenen Kaninchen wurden Pollenkörner bezw. Lösungen des Heufiebergiftes, die durch Extrahieren von Roggenpollenkörnern und Pollenkörnern anderer Gramineen gewonnen waren, intravenös eingespritzt. Die Tiere vertragen die Injektion gut. Aufser gelegentlichen ödematösen Schwellungen und einer gewissen vorübergehenden Gewichtsabnahme und Temperaturzunahme, die bei einzelnen Tieren nach den ersten Injektionen beobachtet wurden, traten keine auffälligen Störungen auf. Die Tiere blieben munter und behielten ihre Frefslust uneingeschränkt. Ein Kaninchen starb aber in unmittelbarem Anschlufs an die Injektion, ob infolge der Giftwirkung, lasse ich dahingestellt sein.[1])

Der erste Versuch bot insofern ein besonderes Interesse, als in dem Blutserum des verwendeten Kaninchens zur Zeit der Blutentnahme offenbar noch nicht unbeträchtliche Mengen unzersetzten Giftes vorhanden waren.

[1]) Später ist auch eine Ziege in unmittelbarem Anschlufs an die Einspritzung gestorben.

Versuche zur Immunisierung durch Antitoxin.

Das in Frage stehende Kaninchen war in dreitägen Intervallen dreimal injiziert worden. Am vierten Tage nach der letzten Injektion wurde diesem Kaninchen Blut aus der Carotis entnommen. Von dem klaren Serum dieses Blutes wurde einem Heufieberpatienten 1 ccm am rechten Vorderarm subcutan injiziert. Schon 7 Minuten nach erfolgter Injektion zeigte sich an der Impfstelle ein etwa 5 cm grofser Tumor. Die Injektionsstelle zeigte ein nesselartiges Brennen. Innerhalb der ersten Stunde vergröfserte sich der Tumor noch weiter. Er war gerötet und fühlte sich heifs an. Um diese Zeit infizirte Patient sich in der Nase mit Roggenpollenkörnern mit dem Erfolg, dafs sofort ein häufig wiederholtes, heftiges Niesen eintrat unter Schwellung der Nase. Patient hatte um diese Zeit ein allgemeines Gefühl von Kranksein, als ob er Fieber hätte. Eine Stunde später dagegen trat plötzlich das Gefühl eintretender Rekonvalescenz auf. Die Nase wurde durchgängig, und Patient hatte in ihr ein frisches Gefühl, wie er es sonst nach Heufieberanfällen nicht gewohnt war.

Sieben Stunden nach erfolgter Impfung stellte Patient den Versuch an, ob er durch die letztere immunisiert worden sei, indem er sich Nase und Auge mit einer kräftigen Dosis zerriebener Roggenpollenkörner infizierte. Es blieb jede Reaktion aus. Weder Thränen in den Augen, noch Schleimabsonderung in der Nase, noch auch Niesen erfolgte. Am folgenden Tage trat auf erneute Infektion des Auges und der Nase die Reaktion in ungeschwächter Weise wieder auf. Das Auge zeigte nach Applikation von Roggenpollenkörnern in gleicher Menge wie am Tage vorher eine sehr starke Injektion der Konjunktivalgefäfse. Es trat Chemosis und Ödem des unteren Augenlides auf, welch' letzteres 24 Stunden lang bestehen blieb.

Am dritten Tage nach der Impfung war der Tumor an der Injektionsstelle verschwunden. In der Umgebung der Impfstelle zeigte sich jedoch in einer Ausbreitung von 15 cm ein starkes Erythem mit heftigem Juckreiz. Beim Berühren der Stelle, insbesondere beim Kratzen, trat sofort Urtikaria auf. Diese Erscheinungen blieben bis zum sechsten Tage nach der Impfung bestehen, um sich dann zu verlieren, Auf beiden Wangen traten über dem Jochbogen schon am Tage nach der Impfung je eine Pustel auf, die innerhalb sechs Tagen wieder verschwanden. Am sechsten Tage nach der Impfung machten sich im Carpo-metacarpal-Gelenk des Daumens am injizierten Arme heftige Schmerzen geltend, die sich innerhalb 24 Stunden wieder verloren. Bis zum zehnten Tage nach der Injektion trat in der Umgebung der Impfstelle an dem infizierten Arme noch ab und zu ein juckendes Erythem auf. Am elften Tage waren sämtliche Symptome verschwunden. Am sechsten Tage nach der Impfung waren Magenbeschwerden aufgetreten. Die Frage, ob auch sie als eine Folge der Impfung aufzufassen seien, lasse ich, obgleich sich keine andere Erklärung für dieselben fand, unentschieden.,

Auch lasse ich es dahingestellt sein, inwieweit die übrigen oben beschriebenen Symptome als einfache Serumwirkung aufzufassen sein mögen, welche mit der vorhergegangenen Behandlung des Kaninchens nichts zu thun haben.

Auf Grund obiger Erfahrungen wurde von einem andern Kaninchen erst mehrere Wochen nach der letzten Injektion Blut entnommen. Das aus diesem Blute gewonnene Serum wurde zunächst mit einer sehr wirksamen Blutserumauflösung von Roggenpollenkörnern gemischt. Die Mischung wurde tropfenweise in einen Nasenflügel und ein Auge eines Heufieberpatienten eingeträufelt. Obgleich der betreffende Patient sonst auf weit geringere Dosen Pollentoxin reagierte, als sie in diesem Versuch zur Verwendung gekommen waren, so blieb seine Augen- und Nasenschleimhaut nach Infektion mit dem beschriebenen Gemisch doch ohne jede Reizerscheinung. Nach Konstatierung dieser Thatsache wurde in dem anderen Nasenflügel desselben Patienten das Gift ohne Antitoxin appliziert. Sofort trat heftiger Juckreiz und Schleimabsonderung in demselben auf. Innerhalb einiger Minuten war der Nasenflügel für Luft vollständig unpassierbar. Diese Verstopfung der Nase hielt eine halbe Stunde an. Dann traten Niesanfälle auf. Jetzt wurde der noch völlig verstopfte Nasenflügel mit Antitoxin bestrichen. Innerhalb 10 Minuten war die Nase wieder wegsam und reizfrei.

Versuche zur Neutralisierung des Toxins in vitro.

In ähnlicher Weise wurden an den drei in Frage kommenden Heufieberpatienten eine gröfsere Anzahl von Versuchen einerseits mit einer Mischung von Roggenpollentoxin und Antitoxin angestellt, anderseits wurden Versuche gemacht,

Heilversuche mit Antitoxin.

wobei erst infiziert und der Eintritt der Reaktion abgewartet und darauf Heilversuche angestellt wurden. Der Erfolg aller dieser Versuche zeigte in überzeugender Weise, dafs das Antitoxin einerseits im stande war, das Toxin in vitro annähernd zu neutralisieren. Die verimpften Gemische lösten zwar gelegentlich gewisse Reizerscheinungen, namentlich im Auge aus. Diese Reizerscheinungen waren aber weit geringer, als bei Verimpfung des Toxins allein, namentlich fehlten die subjektiven Beschwerden fast vollständig. Anderseits waren die an sämtlichen drei Heufieberpatienten mehrfach wiederholten Versuche von unverkennbarem Erfolge begleitet, welche darauf hinzielten, die mittels Toxinlösungen, bezw. durch Gramineenpollenkörner ausgelösten heftigen Reizerscheinungen in Nase und Auge nachträglich zu heilen. Die subjektiven Beschwerden schwanden regelmäfsig schon sehr bald nach Applikation des Antitoxins.

Interessant war es, zu beobachten, wie bei sehr starken Impfungen nach vorübergehender Beseitigung der Symptome später wieder Juckreiz auftrat, der sich sofort nach Applikation von Antitoxin wieder verlor. Bei einigen Versuchen wiederholte sich dieser Vorgang bis zu dreimal, worauf dann endgültig das Gefühl der Erleichterung und der vollständigen Genesung eintrat.

Die objektiven Symptome verloren sich nach Applikation des Antitoxins nicht so schnell wie die subjektiven. Zwar war schon innerhalb einiger Minuten nach Einbringung des Antitoxins stets der Eintritt des Rückganges der Entzündungserscheinungen am Auge deutlich bemerkbar. Die Injektion der Konjunktiva war fast ohne Ausnahme innerhalb 20 bis 30 Minuten nach Verabfolgung des Antitoxins so vollständig verschwunden, dafs objektiv auch nicht mehr die geringsten Anzeichen der Injektion zu sehen waren. Ohne Anwendung des Antitoxins hielten die objektiven Erscheinungen der Entzündung mindestens mehrere Stunden, häufig ganze Tage an.

Ebenso verhielt es sich mit den objektiven Erscheinungen in der Nase. Hier verlor sich die Schleimabsonderung und der Juckreiz ebenfalls alsbald nach Anwendung des Antitoxins. Während die Verstopfung der geimpften Nasenhöhle ohne Anwendung von Antitoxin fast immer eine bis mehrere Stunden, bezw. den ganzen Tag, angehalten hatte, verlor sich nach Anwendung des Antitoxins dieselbe stets innerhalb 10 Minuten derartig, dafs nicht allein die vollständig freie Atmung durch den infizierten Nasenflügel möglich wurde, sondern die behandelten Patienten sich sogar veranlafst fühlten, zu erklären, sie hätten ein angenehmes frisches Gefühl in der Nase, wie sie es sonst nach Heufieberanfällen nicht gekannt hätten.

Einer der einschlägigen Versuche mag an dieser Stelle noch eine besondere Erwähnung finden: Einem Heufieberpatienten wurden in Auge und Nase verhältnismäfsig starke Dosen von Pollentoxin sowie auch von zerriebenen Gramineenpollen beigebracht. Die Nase war innerhalb kürzester Zeit vollständig verschlossen, das geimpfte Auge zeigte aufserordentlich starke subjektive Reizerscheinungen, und auch objektiv die Zeichen heftigster Entzündung. Patient konnte nach der Impfung das Auge kaum offenhalten, es bestand Lichtscheu. Infolge des Ödems der Augenlider erschien die Lidspalte beträchtlich verkleinert. Nicht lange nach der Infektion stellte sich auch das Gefühl allgemeinen Krankseins ein, wie es nach heftigen Heufieberanfällen zu geschehen pflegt. Nachdem die Reizerscheinungen ihren Höhepunkt erreicht hatten, wurde dem Patienten $^1/_2$ ccm des von einem Kaninchen gewonnenen Antitoxins subcutan am Arm injiziert. 10 Minuten nach der Injektion war der Zustand des Patienten noch unverändert; 5 Minuten später aber trat plötzlich das Gefühl wesentlicher Erleichterung ein. Die Nasenschwellung verlor sich vollständig. Im Auge konnte man bereits das beginnende Abklingen der Entzündung vom Limbus ausgehend deutlich bemerken. 30 Minuten nach erfolgter Injektion waren die subjektiven Reizerscheinungen im Auge vollständig verschwunden. Das Auge konnte um diese Zeit schon weit geöffnet werden. Es blieb nur ein leicht störendes Gefühl an einer Stelle übrig, an welcher infolge der starken Giftwirkung ein kleines Blutgefäfs geplatzt war. 40 Minuten nach der Impfung trat wiederum eine leichte, schnell vorübergehende Verschlimmerung des Auges ein. Eine Stunde nach der Impfung hatte Patient plötzlich das Gefühl völliger Genesung. In beiden Nasenflügeln stellte sich ein frisches Gefühl ein, welches um so mehr auffiel, als Patient seit mehreren Tagen an einem heftigen Schnupfen gelitten hatte. Die subjektiven Erscheinungen dieses Schnupfens, die hauptsächlich in sehr starker Nasensekretion, in erschwerter Nasenatmung, Schweregefühl im Kopf sowie allgemeinem Unbehagen und Unfähigkeit zu angestrengter Arbeit bestanden, verloren sich vollständig. Auch noch mehrere Stunden nach der Impfung blieb ein erfrischendes Gefühl in der Nase bestehen.

Im Hinblick darauf, daſs den Versuchstieren vor der Blutentnahme nur relativ recht geringe Mengen von Pollenkörnern eingespritzt worden waren, müssen die beschriebenen Erfolge als überraschend günstige bezeichnet werden.

Der überaus wichtigen Frage, ob das Roggenpollenantitoxin auch gegen die Toxine anderer Gramineen wirksam sei, habe ich inzwischen ebenfalls durch mehrere Versuche näher treten können. Einerseits wurde das aus Roggenpollenkörnern gewonnene Antitoxin dem Toxin des Agropyrum repens gegenüber mit Erfolg verwendet, anderseits konnte konstatiert werden, daſs das mittels Injektion von Agropyrum repens gewonnene Antitoxin dem Roggenpollentoxin gegenüber sich wirksam erweist. Hiernach scheint begründete Aussicht vorhanden zu sein, daſs es gelingen dürfte, mittels des Antitoxins aus Pollenkörnern einer Gramineenart auch Heufieberanfälle zu bekämpfen, welche durch Pollenkörner anderer Gramineen hervorgerufen wurden.

So verheiſsungsvoll die oben beschriebenen, mit Roggenpollenkörnern und Pollenkörnern der Ackerqueke erzielten Versuche auch verlaufen sind, so enthalte ich mich doch zur Zeit noch jeden Urteils darüber, ob wir auf diesem Wege zu praktisch verwertbaren Resultaten gelangen werden. Mein Vorrat an Pollenkörnern der oben angeführten Gräserarten war bald verbraucht, so daſs die Versuche abgebrochen werden muſsten. Es gelang mir zwar inzwischen, gröſsere Mengen von Maispollenkörnern zu gewinnen. Die toxischen Wirkungen derselben deckten sich auch fast vollständig mit denen, die sich bei den übrigen Gramineen ergaben. Ein brauchbares Antitoxin habe ich damit bis zur Zeit aber noch nicht herzustellen vermocht. Es wäre aber verfrüht, daraus zu schlieſsen, daſs die Versuche zur Gewinnung eines Antitoxins mittels Maispollenkörner aussichtslos seien.

Es werden noch mancherlei Aufgaben zu lösen sein, insbesondere auch in Bezug auf Auswahl der zur Antitoxingewinnung geeigneten Tierarten, ehe man zu einem definitiven Urteil darüber gelangen wird, ob sich eine spezifische Behandlung des Heufieberanfalles wird praktisch durchführen lassen.

Die Herren Dres. Prausnitz, Nottebohm und Weichardt haben mich durch die geradezu aufopfernde Bereitwilligkeit, mit welcher sie sich den beschriebenen, teilweise höchst unangenehmen Versuchen unterzogen, zu bleibendem Danke verpflichtet.

Erklärungsversuche für die individuelle Heufieberdisposition.

Eingangs wurde schon dargelegt, dafs bis in die neueste Zeit hinein die Auffassungen betreffend den Erreger des Heufiebers sehr unsicher waren. Die meisten Autoren stimmten zwar darin überein, dafs die Auslösung eines Heufieberanfalles von zwei Momenten abhängig sei, nämlich einerseits einer gewissen individuellen Disposition, und anderseits einem, den Heufieberanfall auslösenden Agens. Einzelne Autoren scheinen aber, wie wir noch sehen werden, das letztere nicht für notwendig erachtet zu haben.

In den vorgehenden Kapiteln mufste die Frage, betreffend die individuelle Heufieberdisposition, gelegentlich gestreift werden; ich habe mich dort aber auf den einfachen Nachweis beschränkt, dafs das Vorhandensein einer individuellen Disposition thatsächlich eine unabweisbare Voraussetzung für die Entstehung des Heufieberanfalles bildet. Es wurde oben unter anderm gezeigt, dafs die subcutane Injektion des Pollentoxins, die bei Personen, welche an Heufieber zu leiden pflegen, zu Heufieberanfällen heftigster Art führte, bei Personen, die an Heufieber nicht leiden, ohne jede subjektive oder objektive Wirkung blieb. Hieraus ergab sich der sichere Schlufs, dafs die Heufieberpatienten thatsächlich eine individuelle Disposition zeigen, dafs es also eine Heufieberdisposition giebt.

Naturgemäfs müssen aber die bisherigen Auffassungen, betreffend die Grundlagen dieser individuellen Disposition, eine gewisse Modifikation erleiden, nachdem festgestellt ist, daſs das auslösende Moment ein lösliches Gift ist, also eine chemisch-physiologisch wirksame Substanz repräsentiert.

Verlegung der oberen Luftwege.

Mit der Feststellung dieser grundlegenden Thatsache müssen alle diejenigen Hypothesen fallen, welche die individuelle Heufieberdisposition in suggestiven oder rein mechanischen Momenten, in örtlichen Veränderungen der oberen Luftwege, bezw. lokalen Nervenschädigungen suchten.

Man wird nicht mehr Daly*), Isch Wall*), Allen (2), Richard H. Thomas*) und Roe (67) folgen können, welche eine Verlegung der oberen Luftwege, bedingt durch Knochenverbiegungen, Schleimhautwucherungen oder ähnliche krankhafte Zustände, als eine hauptsächliche Grundlage für die Heufieberdisposition ansahen.

Allgemein erhöhte Empfindlichkeit der Schleimhäute in den oberen Luftwegen.

Man wird auch nicht mehr daran festhalten können, daſs die Heufieberdisposition in einer besonderen Empfindlichkeit der Schleimhäute der oberen Luftwege gegen mechanische Reize: Staub, helles Licht, Hitze oder Riechstoffe begründet sei, wie es von Bostock (18), Phöbus (65), Dechambre*), Kinnear*), Guéneau de Mussy*), Ferber (30a) und Beard (7) geschah.

Erkrankung des Trigeminus.

Auch darf die von Sajous*), Sandmann*), W. Hack (40), John Mackenzie (53) und Fink (33) vertretene Auffassung als nicht zutreffend bezeichnet werden, wonach die Heufieberdisposition auf eine Erkrankung des Innervationsgebietes der oberen Luftwege zurückzuführen sei. Diese letzteren Behauptungen wurden oben im experimentellen Teil schon dadurch als hinfällig charakterisiert, daſs auch die Schleimhaut am Anus sich dem Pollentoxin gegenüber als empfindlich erwiesen hat, daſs ferner nach subcutaner Injektion des Pollentoxins am Arm, die äuſsere Haut und das subcutane Bindegewebe Reizerscheinungen aufwiesen.

Suggestion.

Manche Autoren scheinen, wie weiter oben schon erwähnt wurde, einen Heufiebererreger gar nicht für nötig zu halten und zu glauben, daſs Heufieberanfälle durch reine Suggestion hervorgerufen werden könnten. Es soll zwar nicht geleugnet werden, daſs Erscheinungen, welche eine gewisse Ähnlichkeit

*) Citiert nach Sticker (76).

mit Heufieberanfällen aufweisen, unter Umständen durch reine Suggestion ausgelöst werden können. Man weifs ja, dafs bei gewissen Personen die reine Suggestion genügt, um auch alle möglichen anderen Zustände und Krankheitsbilder hervorzurufen. Daraus hat man aber nie geschlossen, dafs die Suggestion in irgend welcher specifischen Beziehung zu der vorgetäuschten Krankheit selbst stände. Die in das Gebiet der reinen Suggestion fallenden Beispiele aus der Heufieberliteratur, wonach Personen, sei es durch das Arbeiten mit gewissen zoologischen Präparaten (frischen, sowohl wie in Alkohol aufbewahrten), sei es durch das Betrachten von Landschaftsbildern, sei es ferner durch Betrachten einer künstlichen Rose, sei es durch blofses Nachdenken über Heufieber, oder sei es schliefslich durch eine andere gleichgültige Thätigkeit, an Heufieber erkrankt sein sollten, haben zum Teil schon ihre Erklärung darin gefunden, dafs die betreffenden Vorgänge gerade in die Heufieberzeit fielen. Für diejenigen einschlägigen Beobachtungen, die sich auf solche Weise noch nicht haben aufklären lassen, mag es dahingestellt bleiben, ob der gleiche Grund oder thatsächlich eine rein suggestive Wirkung vorlag.

Zu einer stichhaltigen Erklärung der Heufieberdisposition auf Grundlage der Suggestibilität werden wir sicher nicht gelangen.

Sehr häufig ist die Grundlage der Heufieberdisposition in einer Konstitutionsanomalie gesucht worden, z. B. in einer gichtischen Veranlagung. Konstitutionsanomalien.

Einzelne Autoren begründen diese Auffassung einfach mit der Erklärung, die Gicht komme bei der angelsächsischen Rasse ganz besonders häufig vor, ebenso auch das Heufieber, also liege die Annahme eines Zusammenhanges beider Krankheiten sehr nahe. Guéneau de Mussy hat den Arthritismus ganz allgemein als Grundbedingung für die Erkrankung an Heufieber angesehen. Molinié (56) ist ihm in dieser Annahme gefolgt, nachdem er bei allen seinen 42 Heufieberpatienten die arthritische Diathese nachgewiesen zu haben glaubte und bei acht derselben sogar die »grofsen Manifestationen« derselben, Rheumatismus, Gicht und Fettsucht, gefunden hatte. Noch viele andere Beobachtungen sind seither angeführt worden, welche als Beweis dafür dienen sollten, dafs die Heufieberdisposition in einer gichtischen Veranlagung zu suchen sei.

Es darf aber als feststehende Thatsache angesehen werden, dafs nicht alle Heufieberpatienten gichtisch veranlagt sind. Die Thost'sche Enquête z. B. hat unter 400 Patienten nur 30 Fälle ergeben, bei denen gichtische Veranlagung offenkundig war. Der Beweis für einen Zusammenhang der Gicht oder anderer Konstitutionsanomalien mit der Heufieberdisposition ist nach Ansicht des Verfassers bislang keineswegs sicher erbracht worden.

Während Verfasser die oben angeführten Erklärungsversuche für die Heufieberdisposition zum Teil als völlig unbegründet hinstellen, zum Teil als höchst unwahrscheinlich bezeichnen mufste, vermag er in Bezug auf die nachstehend angeführten Annahmen zur Zeit noch nicht zu einem sicheren Urteil zu gelangen.

Neuropathische Veranlagung.

Sehr verbreitet ist die Auffassung, als ob die individuelle Heufieberdisposition nichts weiteres als der Ausdruck einer neuropathischen Veranlagung sei. Ferber (30a) hat auf das Vorkommen von Asthma nervosum und anderen Nervenleiden unter den Blutsverwandten von Heufieberkranken hingewiesen. Dafs das Heufieber häufig bei mehreren Mitgliedern einer und derselben Familie vorkommt, steht aufser Zweifel. Ob sich aber in solchen Fällen unter allen Umständen eine neuropathische Veranlagung würde nachweisen lassen, erscheint dem Verfasser höchst zweifelhaft.

Vererbbarkeit.

Neurasthenie.

Beard (7) gelangte auf Grund seiner Enquête zu der Auffassung, dafs die meisten Heufieberkranken Neurastheniker seien. Geistige Überanstrengung findet sich wiederholt mit grofser Bestimmtheit als disponierendes Moment für das Heufieber angegeben. Thost (84) weist auf die relativ grofse Anzahl von Gelehrten hin, die nach seiner Heufieberstatistik von der Krankheit befallen worden sind. Besonders sollen geistige Überanstrengungen im Verein mit körperlichen, wie sie bei Ärzten und Offizieren vorkommen, ein die Heufieberdisposition begünstigendes Moment darstellen.

Geistige Überanstrengung.

Ganz allgemein verbreitet ist die Auffassung, dafs das Heufieber als eine Folge höherer Kultur anzusehen sei. In der Arbeiterbevölkerung, insbesondere auch bei den Landbewohnern, ist es, abgesehen von ganz vereinzelten Fällen,

Höhere Kultur.

soweit sich aus der Literatur entnehmen läfst, noch nicht zur Beobachtung gekommen.

Einflufs des Geschlechtes.

Nach den Zusammenstellungen von Phöbus, Morill Wyman, Morell Mackenzie, Molinié, Thost und anderen, sollen Männer häufiger an Heufieber leiden als Frauen, durchschnittlich im Verhältnis von 2 : 1.

Sollte die Auffassung zu Recht bestehen, dafs die Heufieberdisposition auf eine allgemeine erworbene oder angeborene neuropathische Veranlagung zurückzuführen wäre, so würde diese Thatsache insofern ein grofses Interesse beanspruchen, als dann hier der Fall vorläge, dafs eine solche nervöse Grundlage, bezw. eine Schädigung des Nervensystems, durch geistige Überanstrengung in einer ganz specifischen Empfänglichkeit gegenüber einer bestimmten toxischen Substanz zu Tage träte. Auch die nachstehend mitgeteilten Beobachtungen würden eventuell in dieses Gebiet fallen.

Nachwirkung von Infektionskrankheiten und anderen schweren Schädigungen.

Bei der Thost'schen Enquête finden sich Fälle, wo das Heufieber nach Überstehen von Scharlach, Masern, Diphtheritis, Rippenfellentzündungen und nach schweren Geburten zum erstenmal aufgetreten sein soll. Von ganz besonderem Interesse erscheint mir aber der von verschiedenen Seiten hervorgehobene Zusammenhang der Heufieberdisposition mit überstandener Influenza. Die oben erwähnte Enquête ergab unter 400 Heufieberkranken 187 Personen, welche Influenza überstanden hatten, darunter allerdings nur 32 Fälle, bei denen die bestimmte Erklärung abgegeben wurde, die Heufieberanfälle seien erst im Anschlufs an die Influenza aufgetreten. Verfasser hat weiter oben schon darauf hingewiesen, dafs auch er an Heufieberanfällen erst seit sieben Jahren leidet, und dafs dieselben sich im unmittelbaren Anschlufs an eine sehr heftige Influenzaerkrankung einstellten. Da Verfasser sich in früheren Jahren sehr viel, sogar jahrelang ununterbrochen, auf dem Lande aufgehalten hat, so darf angenommen werden, dafs die Heufieberanfälle bei ihm früher zum Ausdruck gekommen wären, wenn er eine individuelle Disposition zum Heufieber schon vor dem bezeichneten Jahre besessen hätte.

Influenza.

Angesichts obiger Thatsache kann man sich des Eindrucks nicht erwehren, dafs das Überstehen der Influenza, vielleicht auch andere schädigende Vorgänge zur Heufieberdisposition führen können. Es wäre demnach die sehr schwierige, aber höchst interessante Frage zu erklären, wie die Überstehung einer Infektionskrankheit oder eventuell auch geistige Überanstrengungen etc. Veranlassung geben können zur Herausbildung einer Empfänglichkeit gegenüber einer Substanz, die sich denselben Personen gegenüber vorher vollkommen unwirksam erwiesen hatte, und die auch für jeden normalen Menschen völlig unschädlich ist.

Wie läfst sich überhaupt die Thatsache erklären, dafs der normale Mensch sich dem Pollentoxin gegenüber völlig indifferent erweist, das beim Heufieberpatienten so aufserordentlich heftige Vergiftungserscheinungen hervorruft? So viel darf nämlich als feststehend angesehen werden, dafs alle Menschen alljährlich gewisse Mengen des hier in Frage stehenden Giftes in sich aufnehmen.

Indifferenz mancher Personen gegen gewisse Gifte.

Bei den Infektionskrankheiten haben wir uns ja im Laufe der Zeit an die Thatsache gewöhnen müssen, dafs es Menschen gibt, welche den jeweilig in Frage kommenden Bakteriengiften gegenüber indifferent sind, und solche, die auf dieselben heftig reagieren. Es mehren sich die Beispiele von Jahr zu Jahr, wonach gewisse Menschen toxinbildende Diphtheriebakterien beherbergen können, ohne irgendwie zu erkranken. Die an diesen Personen vorgenommenen Untersuchungen haben wiederholt zu dem Ergebnis geführt, dafs das Blut derselben Diphtherieantitoxin enthielt. Letzteres ist höchstwahrscheinlich in dem Blute der Patienten nicht von vornherein vorhanden gewesen, sondern es hat sich, wie man annehmen mufs, unter Einwirkung des allmählich resorbierten Diphtherietoxins gebildet, ohne dafs es in diesen Fällen, wie üblich, vorher zu einer offenkundigen Erkrankung kam.

Gegen Diphtherietoxin.

Gegen Choleragift.

In Bezug auf das Choleragift liegen Beispiele vor, wonach gewisse Personen den entwickelungsfähigen Choleravibrio in ihrem Verdauungstraktus beherbergten, ohne dafs es auch bei ihnen zu einer offenkundigen Erkrankung kam. Es ist bislang versäumt worden, das Blut der betreffenden Patienten auf Cholera-Antikörper zu prüfen. Die Frage mufs zunächst unentschieden bleiben, inwieweit hier eine Gewöhnung des menschlichen Körpers an die von den Cholerabakterien produzierten Gifte in Betracht kommen mag. Um ein völlig indifferentes Verhalten der betreffenden Personen gegenüber dem Choleragift wird es sich aber wohl kaum handeln, und somit läfst sich keine strenge Parallele ziehen zwischen diesen Beobachtungen und dem Verhalten gesunder Personen zum Pollentoxin.

So viel wird man annehmen dürfen, dafs, wenn es überhaupt Personen geben sollte, die sich dem Choleratoxin gegenüber indifferent verhalten, diese doch seltene Ausnahmen bilden werden.

Idiosynkrasie.

Anders liegt es bei den Beobachtungen, die wir unter dem Namen Idiosynkrasie zusammenzufassen pflegen, bei den Reaktionen, die sich bei gewissen Personen nach Anwendung von Jodoform, Antipyrin, nach dem Genusse von Erdbeeren oder Krebsen etc. einstellen. Hier ist es, ebenso wie bei dem Heufieber, eine relativ nur sehr geringe Zahl von Menschen, bei denen Substanzen, wie die eben angeführten, giftig wirken, die anderen Personen gegenüber sich völlig unwirksam erweisen. Die Frage, ob sich bei näherer Untersuchung gewisse verwandtschaftliche Beziehungen ergeben würden zwischen der Heufieberdisposition und der Grundlage, auf welcher die sogenannten Idiosynkrasien beruhen, mufs vorerst dahingestellt bleiben.

Gewöhnung an das Pollentoxin.

Die Thatsache, dafs die weitaus gröfste Zahl der Menschen sich dem Pollentoxin gegenüber vollständig indifferent verhält, könnte man durch die Annahme einer allmählichen Gewöhnung an das Gift zu erklären versuchen, etwa wie sie bei Alkohol, Morphium, Nikotin etc. beobachtet wird. Nach den Feststellungen Schmiedeberg's (71a) und seiner Schüler soll der Gewöhnung an Alkohol, Morphium, Nikotin und an andere ähnliche Gifte eine Erhöhung der Oxydationskraft des Körpers für diese Gifte zu Grunde liegen. Analog hierzu würde man schliefsen können, dafs das Pollentoxin im normalen Körper deshalb nicht giftig wirkte, weil es in diesem sofort oxydiert und dadurch unschädlich gemacht würde. Dann hätte man anzunehmen, dafs der Körper des Heufieberpatienten dem Pollentoxin gegenüber eine geringere Oxydationskraft besitze. Bei letzterem würde das Gift deshalb zur Wirkung kommen können, während es bei dem normalen Menschen durch Oxydation vollständig zerstört würde, ehe es noch zur Entfaltung der Giftwirkung käme.

Die Thatsache, dafs manche Personen sich dem Pollentoxin gegenüber viele Jahre hindurch völlig indifferent erweisen, jedoch plötzlich für dasselbe empfänglich werden, würde dann als eine Herabsetzung der Oxydationskraft des Körpers, bezw. als eine Sistierung ähnlicher Entgiftungsvorgänge zu erklären sein.

An eine allmähliche Gewöhnung an das Pollentoxin mag Verfasser aber aus dem Grunde nicht glauben, weil wir bei Kindern keinerlei Reaktionen beobachten, die als Ausdruck erstmaliger Schädigung durch Pollentoxin gedeutet werden könnten.

Nach Analogie neuerer Befunde über Cobragift.

Es liegt die Möglichkeit vor, dafs das Pollentoxin eine für die meisten Menschen vollständig unschädliche Substanz darstellt, also ein Gift im gewöhnlichen Sinne des Wortes nicht ist, sondern im Körper des Heufieberpatienten gewissermafsen erst zu einem Gift wird. Anknüpfend an die Befunde der Ehrlich'schen Schule, betreffend das Verhalten der Blutkörperchen verschiedener Tierarten gegenüber gewissen Schlangengiften, würde man sich den Vorgang dann etwa folgendermafsen zu denken haben.

Das Gift der Cobra wirkt auf die Blutkörperchen gewisser Tiere, wie Meerschweinchen, Hunde, Kaninchen, Pferde und Menschen hämolytisch, dagegen werden die Blutkörperchen anderer Tiere, wie Ochsen, Hammel und Ziegen, durch dieses Gift nicht aufgelöst. Die Blutkörperchen der Meerschweinchen, der Kaninchen etc. enthalten nach Auffassung von Kyes (48a) gewisse Substanzen, welche mit dem Cobragift erst in Verbindung treten müssen, wenn letzteres in den Stand gesetzt werden soll, seine auflösenden Eigenschaften zu entfalten. In den Blutkörperchen von Ziegen und Hammeln sollen diese ergänzenden Körper, die Kyes'schen Endokomplemente, fehlen. Durch Zusatz von Lecithin, also eines chemisch definierbaren und kristallisierenden Körpers, der im Blutserum vorkommt, konnte Kyes das Cobragift im angegebenen Sinne auch den Blutkörperchen der Ziege gegenüber wirksam machen.

In Analogie zu diesen Vorgängen könnte man annehmen, dafs sich in den Zellen oder im Plasma der Heufieberkranken eine das Pollengift aktivierende Substanz fände, welche beim normalen Menschen fehlte.

Sistierte Antitoxinbildung.

Geht man aber von der Ansicht aus, dafs das Pollentoxin einer Aktivierung nicht bedürfe, sondern an und für sich schon ein Gift darstelle, und wollte man den Versuch machen, die Erscheinung der Heufieberdisposition hiermit in Einklang zu bringen, so würde man mit den landläufigen Erklärungen, betreffend die Wirkung von Gift und Gegengift, etwa wie bei den vorhin angeführten Beobachtungen in betreff der Unempfänglichkeit mancher Personen gegenüber dem Diphtherietoxin, kaum zum Ziel kommen. Die Annahme, dafs der normale Mensch einen gewissen Vorrat von Pollenantitoxin (freie Rezeptoren nach Ehrlich) in seinem Plasma enthalte, und dafs das Pollentoxin sofort nach Eintritt in die Augen, bezw. in die oberen Luftwege durch dieses neutralisiert würde, müfste voraussetzen, dafs bei solchen Personen, die bis zu einer gewissen Zeit an Heufieber nicht gelitten hatten, nach überstandener Krankheit oder sonstigen Schädigungen aber empfänglich für das Pollentoxin geworden wären, die Bildung des Antitoxins (die Abstofsung der freien Rezeptoren) infolge der genannten Schädigungen plötzlich aufgehört hätte.

Gesteigerte Affinität der Nervenzellen zum Pollentoxin infolge Schädigung der ersteren.

Etwas befriedigender würde der Versuch ausfallen, die Heufieberdisposition analog den Vorgängen zu erklären, welche man bei specifischen Nervengiften, z. B. Tetanustoxin, beobachten konnte. Gewisse Tiere, z. B. der Frosch (Metchnikoff — 54a), erweisen sich dem Tetanustoxin gegenüber von Natur annähernd unempfänglich. Bringt man den Frosch auf eine Temperatur von 32 bis 37° C, so wird er in diesen, ihm nicht zusagenden Wärmeverhältnissen, für solche Dosen des Tetanusgiftes empfänglich, denen gegenüber er sich unter normalen Verhältnissen fast indifferent erweist. Morgenroth (57a) hat versucht, diese von ihm auch bestätigte Thatsache in folgender Weise zu erklären. Er nimmt an, dafs die toxophore Gruppe des Tetanustoxins in der Kälte die Nervenzellen des Frosches nicht zu schädigen vermag. Die erwähnte, relativ geringe Erhöhung der umgebenden Lufttemperatur soll aber genügen, um die Konstitution des Frosches schon derartig zu ändern, daſs unter ihrer Einwirkung seine Nervenzellen für die toxophore Gruppe des Tetanusgiftes empfänglich werden. Wenn wir auch nicht zu entscheiden vermögen, ob diese Theorie als eine hinreichende Erklärung für den in Frage stehenden interessanten Vorgang anzusehen sei, so stehen wir doch zweifellos vor der Thatsache, daſs eine sehr geringfügige Schädigung des Frosches genügt, um ihn für ein Nervengift empfänglich zu machen, das ihm unter normalen Verhältnissen, in gleichen Mengen appliziert, nichts anzuhaben vermag.

Die Annahme, daſs die Zellen des Nervensystems beim Heufieberpatienten durch gewisse, vielleicht geringfügige Schädigungen empfänglich geworden sein möchten für das Pollentoxin, welches sie vorher nicht zu schädigen vermochte, würde am leichtesten in Einklang zu bringen sein mit der verbreitetsten Auffassung über die individuelle Heufieberdisposition, die den Ausgangspunkt dieser Disposition in einer Schwächung des Nervensystems sucht.

Schlieſslich könnte man daran denken, die Erklärung für die Heufieberdisposition in folgenden Vorgängen zu suchen.

Nach Analogie der erworbenen Überempfindlichkeit gegen Toxin.

Gewisse Tiere werden, wie v. Behring (7 a) gezeigt hat, infolge Behandlung mit Toxinen hypersensibel. In Anlehnung an die Ehrlich'sche Theorie nimmt man an, daſs die hypersensiblen Tiere ihre Rezeptoren, welche sonst abgestoſsen und dem freien Blutkreislauf mitgeteilt werden, nach Eintritt des Stadiums der Überempfindlichkeit nicht mehr abstoſsen. Dadurch wird nicht nur der Blutkreislauf von Rezeptoren entblöſst, d. h. von derjenigen Substanz, welche geeignet ist, das in den Blutkreislauf gebrachte Gift zu neutralisieren, sondern es werden auch gleichzeitig diejenigen Zellen, an welchen die Rezeptoren noch haften, gegen das Gift überempfindlich, bezw. das Gift kann diese mit Rezeptoren behafteten Zellen direkt schädigen. Nach Analogie mit diesem Vorgang würde man anzunehmen haben, daſs die Zellen des normalen Menschen fortgesetzt genügend Rezeptoren in den Blutkreislauf abstoſsen, um das eintretende Pollentoxin stets sofort zu neutralisieren, daſs aber die Zellen des infolge Überstehens der Influenza oder sonstwie für das Heufieber disponiert gewordenen Menschen Rezeptoren nicht mehr in den Blutkreislauf abstoſsen. Das

Pollentoxin würde dann auch hier in direkte Beziehung mit den mit Rezeptoren behafteten Zellen zu treten und sie zu schädigen vermögen.

Die Feststellung der Thatsache, dafs es sich beim Erreger des Heufiebers um ein lösliches Gift handelt, ist, wie wir sehen, geeignet, den Ausgangspunkt für sehr interessante Untersuchungen zu bieten.

Beim Heufieber handelt es sich um ein Leiden, welches das freieste Experimentieren am Menschen gestattet. Die durch das Toxin ausgelösten Reize führen, wenngleich sie vorübergehend höchst unangenehme Erscheinungen hervorrufen, doch nicht zu bleibenden Schädigungen. Nur mufs man bei den subcutanen Einspritzungen des Pollentoxins, wie unsere oben beschriebenen Versuche zeigen, grofse Vorsicht walten lassen. Die äufsere Anwendung des Giftes auf Nase und Augen dagegen kann ohne irgend welche ernste Gefahr beliebig häufig wiederholt werden, und das setzt uns wie bei kaum einem anderen Leiden in den Stand, der Frage über die Grundlagen der individuellen Disposition nachzuforschen.

Benutzte Literatur.

1. Abercrombie, British Medical Journal 1896, I., S. 967.
2. Allen, H., American Journal of med. sciences 1884, S. 156.
3. Anderson, Lancet 1892, I., S. 474.
4. Ashurst, American Journal of med. sciences, Bd. 73, S. 420.
5. Ayres, S., Lancet 1885, II., S. 820.
6. Ball, J. B., Lancet 1899, I., S. 359.
7. Beard, G. M., Medical Times and Gazette 1877, II., S. 385.
7a. v. Behring, Deutsche medizinische Wochenschrift 1898, S. 65.
8. Berkart, Lancet 1890, S. 12 u. 69.
9. Besser, L. v., Zieglers Beiträge zur path. Anatomie u. z. allg. Path. 1890, VI., Heft 4.
10. Biermer, Virchow's Handbuch der spec. Path. u. Ther. V, Bd. I., Abt. B., S. 635.
11. Binz, C., Virchow's Archiv für pathol. Anatomie, Bd. 46, S. 100.
12. Blackley, Experimental researches on the causes and nature of catarrhus aestivus. London 1873. Ref.: Am. Journ. of med. scienc. 67, S. 181.
13. — Virchow's Archiv, Bd. 70, S. 429.
14. — Medical Times and Gazette 1877, II., S. 243.
15. — Lancet 1881, II., S. 371.
16. — British Med. Journal 1898, I., S. 867.
17. Bloch, A., British Med. Journal 1888, I., S. 40.
18. Bostock, J., Medico-chirurg. Transactions, Vol. X., I., S. 161.
19. — Medico-chirurg. Transactions 1828, S. 437.
20. Bronner, A., British Medical Journal 1889, I., S. 656.
21. — Lancet 1897, I., S. 245.
22. Bride, Mc., British Medical Journal, 1888, II., S. 605.
23. Cazenave, J. J., Gazette méd. de Paris 1837, S. 630.
24. Clark, A., British Med. Journal, London 1887, I., S. 1255.
25. Dietsch, Deutsche med. Wochenschrift 1901, S. 99.
26. Douglass, B., New-York. Med. Journal 1899. — Ref.: Münch. med. Wochenschr. 1900, S. 1468.
27. Dreyfus-Brisac, Gaz. des hôpitaux 1890, S. 1033.
28. Elliotson, London Med. Gazette 1831, S. 411.
29. — London Med. Gazette 1832—33, S. 164.

30. Eulenburg, Real-Encyklopädie der gesamten Heilkunde, Bd. 10.
30a. Ferber, Archiv für Heilkunde 1868, S. 556.
31. Fermi, G., u. Bretschneider, Centralbl. f. Bakteriol., Bd 20, S. 4
32. Fink, E., Eine neue Methode der Behandlung des Heufiebers und verwandter Affektionen, Hamburg 1901.
33. — Das Heufieber und andere Formen des nervösen Schnupfens, Jena 1902.
34. Fischer, H., Beiträge zur vergleichenden Morphologie der Pollenkörner, Inaug.-Diss., Breslau 1890.
35. Fritzsche, J., Über den Pollen, 1836.
36. Garfit, British Med. Journal 1897, I., S 1699.
37. Genth, C., British Med. Journal 1888, I., S 1268.
38. Grube, K., Lancet 1900, II., S. 12.
39. Hack, W., Wiener Med. Wochenschrift 1883, S. 406
40. — Über eine operative Radikalbehandlung bestimmter Formen von Migräne, Asthma, Heufieber etc., Wiesbaden 1884.
41. — Deutsche Med. Wochenschrift 1886, S. 141.
42. Hall, Lancet 1889, I., S. 1183.
43. Helmholtz, Virchow's Archiv, Bd. 46, S. 100.
44. Hern, J., British Medical Journal 1899, II., S. 778.
45. Heymann u. Matzuschita, Zeitschrift f. Hygiene, Bd. 38, S. 495.
46. Hirsch, A., Handbuch der hist. geogr. Pathologie III., 1886.
47. Hoover, T. C., American Journal of med. sciences 1874, S. 379.
48. Kingscote, British Med. Journal 1900, II., S. 1077.
48a. Kyes, Berliner klinische Wochenschrift 1902, S. 886.
49. Laforgue, Gaz. des hôp., Paris 1860, S. 45.
50. Lazarus, Archiv für Physiologie 1891, S. 19.
51. Lehmann, Berl. klin. Wochenschr. 1900, S. 851.
52. Lühe, Deutsches Archiv f. klin. Med., Leipzig 1874, Bd. 14, S. 426 und 614.
53. Mackenzie, John, American Journal of med. sciences 1886, S. 45.
54. Marshall, British Med. Journal 1899, II., S. 778.
54a. Metchnikoff, Annales de l'institut Pasteur 1898, S. 31.
55. Michel, C., Krankheiten der Nasenhöhlen, Berlin 1876.
56. Molinié, Gaz des hôpitaux 1899, S. 481.
57. Morgagni, De sedibus et causis morborum, 1779
57a. Morgenroth, Arch. intern. de Pharm. 1900, S. 265.
58. Moss, Am. Journal of med. sciences 1873, Bd. 65, S 275.
59. Müller, J., Lancet 1897, II., S. 1565.
60. Palmer, Lancet 1857, II., S. 127.
61. Patton, Archiv für path. Anatomie und Physiologie, Bd. 69, S. 531.
62. Paulsen, Centralbl. f. Bakteriologie, Bd. 8, S. 344.
63. Peyer, A., Münch. med. Wochenschr. 1889, S. 38.
64. Pfuhl, F., Berl. klin. Wochenschr. 1878, S. 772.
65. Phöbus, Ph., Der typische Frühsommerkatarrh oder das Heufieber, Gießen 1862.
66. — Lancet 1859, II., S. 655.

67. Roe, British Med. Journal, 1888, II., S. 608.
68. Ringer und Murrell, British Med. Journal 1888, I., S. 1257.
69. Rosenberg, Verhandl. d. Gesellsch. deutscher Naturforscher und Ärzte, 73. Versammlung in Hamburg 1901, S. 396.
70. Russel, A. G., Lancet 1885, I, S. 1021.
71. Scanes Spicer, Lancet 1890, I., S. 1243.
71a. Schmiedeberg, O., Grundrifs der Pharmakologie, Leipzig 1902.
72. Schmidt, Dissertationes Berolinenses Medicae 1879, Nr. 2.
73. Schneider. Verhandl. d. Ges. deutscher Naturforscher und Ärzte, 73. Versammlung in Hamburg 1901, S. 391.
74. Seifert, Münch. med. Wochenschr. 1897, S. 985.
75. Simon, A., Deutsche med. Wochenschr. 1901, S. 470.
76. Sticker, Der Bostock'sche Sommerkatarrh, Nothnagels Path. u. Ther., Bd. IV, I.
77. Stricker, Archiv f. path. Anat. u. Path., Berlin 1867, S. 292.
78. Strafsburger, Das kleine botanische Praktikum, Jena 1902.
79. — Über den Bau und das Wachstum der Zellhäute, Jena 1882.
81. Thorowgood, Lancet 1881, II., S. 571.
82. — Lancet 1881, II., S. 82.
83. Thost, A., Verhandl. der Ges. deutscher Naturforscher und Ärzte, 73. Versammlung zu Hamburg 1901 S 387.
84. — Münch med. Wochenschrift 1902, Nr 17, 18.
85. Watson, J. Lancet 1885, II., S. 50.
86. Weil, Verhandl. d. Ges. deutscher Naturforscher und Ärzte, 73. Versammlung zu Hamburg 1901, S. 393.
87. Wille, N., Entwicklungsgeschichte der Pollenkörner der Angiospermen, Christiania 1886.
88. Woodward, British Med. Journal 1888, S. 213.
89. Zuelzer, Handbuch der spec. Pathologie v. Ziemssen 1874, Bd. II., 2, S. 514.

Tafel I.

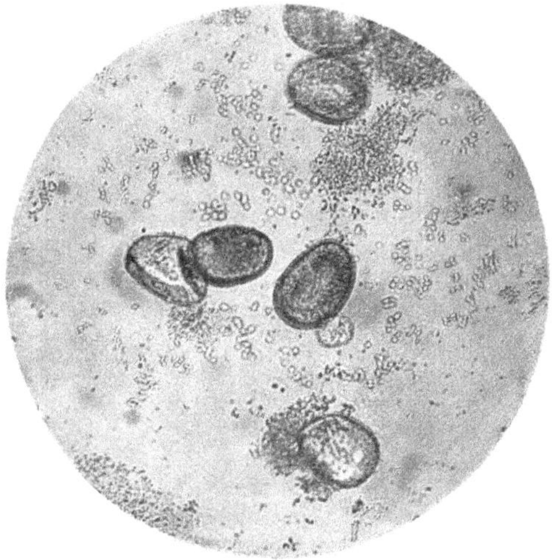

Abb. 1.
Roggenpollenkörner, ungefärbt, 250fache Vergröfserung. Beim Pollenkorn in der Mitte sackartige Ausstülpung der Intine, daneben freiliegende Stärkestäbchen.

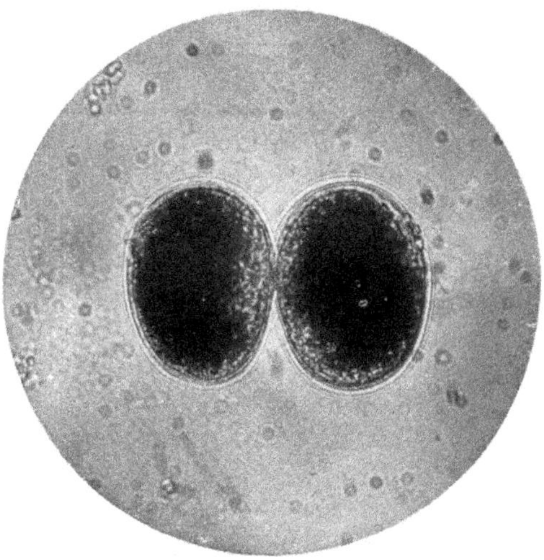

Abb. 2
Roggenpollenkörner, mit Jod behandelt, 560fache Vergröfserung

Tafel II.

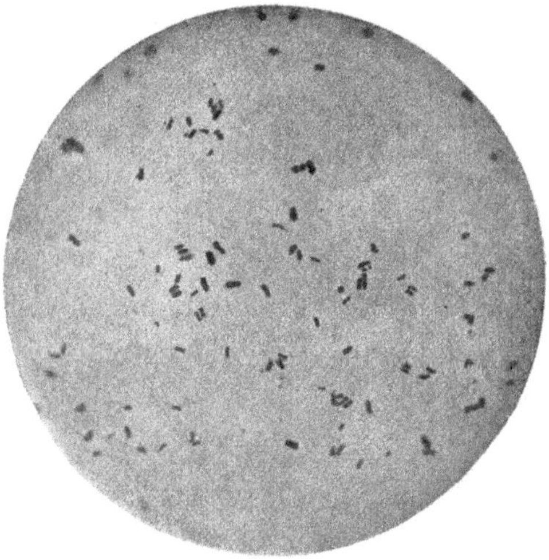

Abb. 1.
Stärkestäbchen von Roggenpollenkörnern, mit Jod behandelt, 500fache Vergrößerung.

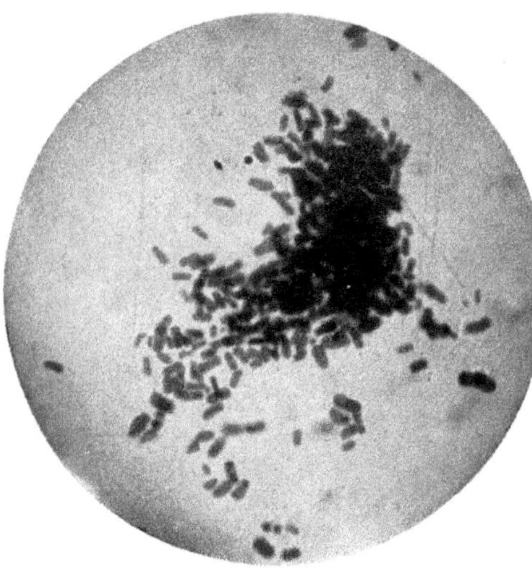

Abb. 2.
Stärkestäbchen von Roggenpollenkörnern, mit Jod behandelt, 1000fache Vergrößerung.

Tafel III.

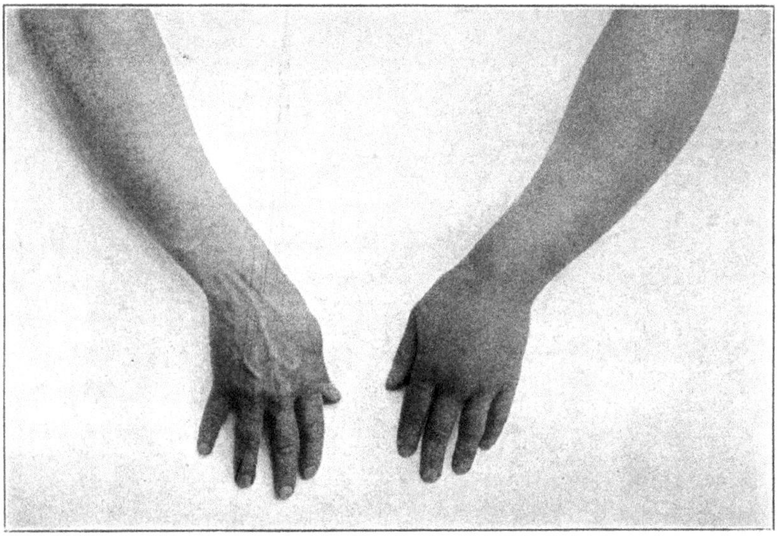

Ödem des linken Armes und der linken Hand infolge Einspritzung von Roggenpollentoxin.

www.ingramcontent.com/pod-product-compliance
Lightning Source LLC
LaVergne TN
LVHW081342011026
849161LV00013BB/2981